浙江理工大学学术著作出版资金资助（2025年度）

传媒新经纬丛书

陆高峰——著

智媒时代的媒介生态

ZHEJIANG UNIVERSITY PRESS
浙江大学出版社
·杭州·

图书在版编目（CIP）数据

智媒时代的媒介生态 / 陆高峰著. -- 杭州 ：浙江
大学出版社，2025. 4. -- ISBN 978-7-308-25954-5

Ⅰ．G206.2

中国国家版本馆 CIP 数据核字第 20257EJ018 号

智媒时代的媒介生态

陆高峰　著

责任编辑	黄静芬
文字编辑	张闻嘉
责任校对	阎　畅
封面设计	周　灵
出版发行	浙江大学出版社
	（杭州市天目山路148号　邮政编码310007）
	（网址：http://www.zjupress.com）
排　　版	杭州林智广告有限公司
印　　刷	浙江新华数码印务有限公司
开　　本	710mm×1000mm　1/16
印　　张	11
字　　数	198千
版 印 次	2025年4月第1版　2025年4月第1次印刷
书　　号	ISBN 978-7-308-25954-5
定　　价	68.00元

序　言

　　人工智能是引领未来、改变世界的战略性技术，很多国家把发展人工智能作为提升国家竞争力、维护国家安全的重大战略。在移动互联网、大数据、超级计算、传感网、脑科学等新理论、新技术以及经济社会发展需求的共同驱动下，人工智能技术和应用加速发展，正深度融入人类社会生活，深刻改变人类社会的生产生活方式和社会发展进程。

　　我国人工智能起步于 20 世纪 70 年代末。伴随着互联网技术和应用的快速发展，2000 年以后我国人工智能开始迅速发展。2017 年，国务院印发《新一代人工智能发展规划》，明确提出要把"人工智能发展放在国家战略层面系统布局、主动谋划"，人工智能正式上升为国家战略。按照规划，到 2025 年，我国人工智能核心产业规模将超过 4000 亿元，预计带动相关产业规模超过 5 万亿元。

　　在当前，人工智能和传媒应用与人类生产生活的连接越来越紧密，应用范围越来越广泛，同时人工智能应用引发的社会问题已经开始露出端倪。在此背景下，加强人工智能应用的社会治理研究具有重要现实意义和学理价值。

　　正如 2022 年 6 月习近平主席在金砖国家领导人第十四次会晤上的讲话中所言："谁能把握大数据、人工智能等新经济发展机遇，谁就把准了时代脉搏。"[①]人工智能作为一项具有丰富想象力的颠覆性技术应用，不仅发展迅速，而且应用广泛，已经渗透到人类社会生活的方方面面。开展人工智能社会治理研究具有重要应用价值和社会意义。

　　加强人工智能社会治理研究是确保人工智能健康可持续发展的自身需要。2019 年 6 月，国家新一代人工智能治理专业委员会发布《新一代人工智能治理

---

① 习近平.构建高质量伙伴关系　开启金砖合作新征程.人民日报，2022-06-24(02).

原则》，明确提出要"发展负责任的人工智能"，还提出了"和谐友好""公平公正""包容共享""尊重隐私""安全可控"等原则。目的就是通过加强人工智能的责任意识，确保人工智能安全、可靠、可控，实现人工智能的健康可持续发展。通过人工智能社会治理研究，可以纠正人工智能发展中的各种偏差，减少人工智能的"越轨"行为，实现其自身健康发展。

加强人工智能社会治理具有维护国家安全、社会稳定等重要政治价值。2017年国务院印发的《新一代人工智能发展规划》将人工智能上升为国家战略，认为"人工智能是引领未来的战略性技术"，是"维护国家安全的重大战略"。2021年5月，习近平总书记在中国科学院第二十次院士大会、中国工程院第十五次院士大会、中国科协第十次全国代表大会上的讲话中指出："要在事关发展全局和国家安全的基础核心领域，瞄准人工智能、量子信息、集成电路、先进制造、生命健康、脑科学、生物育种、空天科技、深地深海等前沿领域，前瞻部署一批战略性、储备性技术研发项目，瞄准未来科技和产业发展的制高点。"[①]

人工智能在国家治理、社会生活等诸多方面都有着极其广泛的应用，加强人工智能社会治理，减少人工智能的负面影响，确保人工智能社会应用的"安全可靠可控"，对于维护国家安全、社会稳定等具有重要政治价值。

加强人工智能社会治理具有增强科技创新和国际经济竞争力等重要经济价值。2021年10月，习近平主席在第二届联合国全球可持续交通大会开幕式上的主旨讲话中指出："当今世界正在经历新一轮科技革命和产业变革，数字经济、人工智能等新技术、新业态已成为实现经济社会发展的强大技术支撑。"[②]当前，人工智能已经成为科技创新和经济发展的重要引擎，加强人工智能社会治理，确保人工智能及其相关产业健康发展，有利于增强科技创新力和国际竞争力。

加强新闻传播与文化娱乐领域人工智能社会治理还具有维护意识形态和文化安全的特殊意义。在新闻传播和文化娱乐领域，人工智能也有着广泛的应用。人工智能不仅渗透到社会生活方方面面，而且采用人工智能技术"智造"的虚拟主播、虚拟偶像和写作机器人等还直接参与新闻传播与文化娱乐内容产品的

---

① 习近平. 在中国科学院第二十次院士大会、中国工程院第十五次院士大会、中国科协第十次全国代表大会上的讲话. 人民日报，2021-05-29(02).
② 习近平. 与世界相交 与时代相通 在可持续发展道路上阔步前行. 人民日报，2021-10-15(02).

生产，直接对意识形态和文化安全产生影响。

加强人工智能社会治理研究，在新文科、新工科建设背景下，在交叉学科理论构建等方面还具有重要学术价值。

人工智能社会治理研究对新文科、新工科建设具有学术示范和创新价值。人工智能社会治理涉及大文科和大理科的深度融合，涉及计算机科学、人工智能、管理学、社会学、法学、新闻传播学、政治学、哲学等大学科的深度融合，对于知识生产创新、新文科、新工科建设等都具有示范意义和创新价值。

丰富社会治理和人工智能研究。开展人工智能社会问题的治理研究，既丰富了人工智能的人文研究领域，拓宽了人工智能研究的人文视野，又开辟了社会治理研究的新领域，通过对新技术新应用研究领域的关注，深化了社会治理研究的新层面。通过双方的大学科交叉、大跨度研究融合，推进交叉学科理论建构和学术创新。

开展人工智能社会问题的治理研究，可以从生态多维协同治理层面，建构人工智能社会治理的理论体系。从生态多维协同治理理论视角，利用整体、互动和平衡等生态理念，借助建构"行政——法规——伦理——素养"四位一体治理模型等方式，结合人工智能治理实际，通过建构一套有一定创新和实用价值的人工智能社会治理理论体系，可以丰富现有人工智能社会治理理论研究。

如今的人工智能，可以吟诗，可以作画，可以下棋，可以聊天对话，可以写论文，可以播新闻，可以报地震，还可以辅助驾驶车辆……在人工智能对人类生产生活、情感娱乐的深层介入下，人工智能的"善行"需要弘扬，"劣迹"也需要及时预见，并提前介入纠偏。

本书中的大部分文章系作者为期刊《青年记者》专栏《高峰观察》撰写的文章。部分文章较为敏锐地捕捉了新媒体技术发展中的问题，较为准确地预测了新媒体技术发展的趋势，较为中肯地剖析了新媒体技术发展的社会影响，至今仍然具有一定启发性。《机器人是新闻人的对手还是助手》是较早对生成式人工智能进行论述的文章。《不宜过度夸大5G对传媒业的影响》在5G技术刚刚兴起之时，较为清醒地看到了5G作为一个技术发展过程阶段的局限性，以及内容生产的决定性。《"车机"将会成为下一个强势媒体》预测了未来媒体发展的新可能。

需要说明的是，本书的写作时间跨度较大。在本书的出版过程中，尽管笔者已经尽力对写作期间引用的数据和资料进行了更新，但考虑到媒体发展的过程性，仍有部分原始数据和资料作为反映写作时媒体发展的客观情况，没有刻意更新。由于作者能力和学识有限，书中缺憾和不当之处在所难免，请各位专家和读者批评指正。

目　录

CONTENTS

PART
1

第一部分

新技术、新媒介与新业态

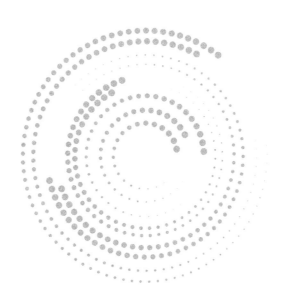

机器人是新闻人的对手还是助手

2016 年 5 月 29 日，一篇由地震信息播报机器人"撰写"的《四川绵阳市安县发生 4.3 级地震（测试）》的地震新闻在网上热传，再一次引发了人们对机器将抢走新闻人"饭碗"的担忧。

这篇大约 500 字的地震报道，只用了 6 秒，写得有模有样。从结构上看，标题、导语、主体、背景齐备。从交代的要素来看，也是时间、地点、事件等要素俱全。除了文字表达上略显呆板，材料选择关联度略有欠缺外，几乎看不出什么缺点。

事实上，国内腾讯财经和新华社在 2015 年 9 月和 11 月分别开始使用名为 Dreamwriter 和快笔小新的机器新闻写作软件。至于国外，有研究称，从 20 世纪 50 年代开始，机器写作已经开始为新闻报道服务。2014 年，美联社已经采用机器人从事公司业绩等报道。有人甚至预测，未来 90% 的新闻稿将由机器人撰写。

与人工采写新闻的模式相比，机器人撰写发布新闻虽然存在模式化等缺点，但其在写作快速、高效、精准等方面体现的优点也很明显。

首先，是抢新闻的时间和效率优势。在当前新闻竞争激烈，人人随时可以发布新闻，报道主体多样化、及时化的情况下，在一些重大赛事、地震灾难、突发事件和市场行情变动等信息报道上，能否抢在第一时间发布，往往成为衡量媒体传播能力、专业水平和竞争能力的重要标准。机器人新闻写作依托事先设置的程序、模板和数据库，甚至可以直接抓取网上相关资料作为新闻背景和延伸材料，大大节省了记者人工输入、查阅资料、选择文章材料、组织文章结构的时间。

机器人在写作效率和抢新闻时效上显然比记者手工完成更具优势。这篇约 500 字的地震报道，如果让人来完成，即便不考虑文章结构和作者构思时间，单纯文字输入一般也要 8 分钟左右。而机器人只用了 6 秒。2015 年 9 月，腾讯财经开发的自动化新闻写作机器人Dreamwriter撰写的财经报道《8月CPI同比上涨2.0%创12个月新高》，字数在1000字左右，其效率几乎是人工的数十倍以上。美联社从2014年7月开始使用新闻写作机器人编写公司业绩新闻，所用时间比原来人工缩短了90%。之前每季度需要写作大约300篇业绩报道，现在在相同的时间里，可以完成4400篇短新闻报道。

其次，是机器比记者更加"吃苦耐劳"。在股市行情、体育赛事、天气预报等惯例性、模式化的新闻写作上，由于发布量大、写作技能要求低，让人工来编发不仅耗时耗力，而且反复的单调操作还容易让人产生疲劳感。而机器人恰恰在这些重复性的单调劳动方面表现出更多的耐久性和更高的效率。美国专门开发智能写作软件的Automated Insights公司自2007年成立到2014年其软件被美联社采用为止，其Wordsmith软件已经为各媒体撰写了3亿篇体育、财经等相关报道。据该公司一位副总裁2014年透露，其当年新闻发布量超过10亿条，话题包含商业、知识、金融、房地产、体育、销售报告等。2013年，该公司每生产一条报道平均时间为9.5秒，在有些场景下，可以做到每秒生产3000条报道。如此高的信息发布量、高强度的信息生产模式，如果依靠人工编写审核发布，显然是难以想象的。

在烦琐量大的数据、资料输入的精准度上，机器人也比人工更胜一筹。在股市财经、体育赛事、房地产、销售业绩、地震灾难等数据繁多，同时要求数据精确的报道方面，人工输入不仅烦琐耗时，而且容易出错。而采用写作软件自动直接抓取的方式，显然比人工二次录入更加精准高效。在新闻报道的可视化和大数据利用方面，机器人写作更是具有人工无可比拟的先天优势。Automated Insights公司在汽车性能报道方面，就是通过与其他提供汽车数据的公司合作，可以把每辆车和全美百万辆其他车做对比，然后分析出每辆车的特别之处，不仅分析车型的区别，还分析了为什么特定的用户会对这辆车感兴趣。

从经济效益上来讲，比起人工，机器人写作还具有较大的成本优势。当人力成本已经成为传媒业最为昂贵的成本时，利用机器来降低人力成本显然是必然趋势。

随着机器人写作技术的日益智能化，机器人写作中存在的表述模式化、单一化等缺陷，也将会逐渐被克服。如Automated Insights公司就声称："我们的自然语言生成平台Wordsmith可将原始数据自动转换为有深度、有个性，并且像人类写手那样风格多变的叙事文章。"比如，对于佩戴设备的健身用户来说，他们可以自己选择不同风格的教练讲述模式，或者是毒舌式，或者是鼓舞人心式，或者是基本事实告知式，来帮助其分析健身数据，为其提供健身建议。

就像物质生产领域进入工业社会后出现机器排挤工人的现象一样，在信息化、智能化时代，机器写作排挤手工写作也将成为正常现象。不仅如此，机器人从事信息筛选、新闻推介、稿件审核加工、图文与视频处理以及校对核实等编辑性工作也将成为常态。机器抢夺记者、编辑的"饭碗"将是一个不争的事实。

不过，不管机器如何排挤记者、编辑，都是排挤那些常规性、程序化的工作，而一些具有鲜明个性化、较高智能性的工作，仍然无法被机器取代。从长远发展来看，机器写作的出现，对于提高新闻人的个性化表达技能，挖掘出独家、深度的新闻产品来说，恰恰具有促进作用。对于这些高技能的新闻人来说，机器写作不是对手，而是帮手、助手。

VR传媒应用展望

2016年被称为VR（Virtual Reality，虚拟现实）商用元年。VR技术和产品开始从实验研发的后台逐渐走到产品体验的前台，VR也成为媒体报道的热点，开始被越来越多的人谈论提及。

2016年1月，在美国拉斯维加斯举办的国际消费类电子产品展览会上，美国消费技术协会总裁兼CEO盖瑞·夏培罗（Gary Shapiro）在主题演讲中认为，VR和AR（Augmented Reality，增强现实）将是下一代颠覆性的交互应用，认为"2016年，将迎来虚拟现实和增强现实技术的真正爆发"。中国台湾的一家产业情报研究机构甚至将VR列为2016年科技产业十大趋势风潮第一位。

VR开始变"火"还可以从其投资升温中一窥端倪。有资料显示，2016—2019年，VR和AR领域吸引风险投资200余笔，总额超过35亿美元。艾媒咨询数据显示，2015年中国虚拟现实行业市场规模为15.4亿元，预计2016年将达到56.6亿元，2020年将超过550亿元。[①]

2016年前后，国内外IT巨头纷纷向VR领域密集发力，国外的谷歌、微软、三星、索尼、英特尔、脸书等，以及国内的腾讯、阿里、百度、小米、爱奇艺、暴风科技等均开始加大VR软硬件产品和交互平台的投入与研发，一些影视传媒机构也不甘落后，纷纷涉足VR，试水VR影视、动漫、游戏，乃至新闻产品的生产制作。

按照马歇尔·麦克卢汉（Marshall McLuhan）的观点，任何媒介都不过是人体器官的延伸。广播是人听觉的延伸，文字和图片载体是人视觉的延伸，电视和视频媒介则是人视听觉综合感官的延伸。而这种延伸的仿真性、便利性越强，

---

① 艾瑞网. 工信部《VR产业白皮书》全文　官方解读虚拟现实. (2016-04-20)[2024-08-24]. http://district.ce.cn/newarea/roll/201604/20/t20160420_10683797_1.shtml.

越有生命力，越能得到人们的喜爱。已有的媒介技术发展历史，也能说明仿真性对于媒介普及扩展的重要性。从早期的图画和文字符号载体，到电话、广播、电影、电视，再到网络和社交媒体，无不是沿着仿真性的路径逐渐进化的结果。

VR技术和产品的出现，是人类追求媒介仿真性的又一次重大努力。VR由于具有比现有广播、电视、网络媒介更强的仿真性，因而随着技术逐渐完善，将会作为人类感官延伸的一次重大变革，获得越来越多人的青睐。

VR除了将在医疗、教育领域，以及购物、旅游等商业领域获得日益广泛的运用，在传媒业中的应用，将会在影视、游戏、社交三大领域取得突破，并且也将给新闻报道、数字出版等领域带来变革。

在影视剧和综艺娱乐产品中，VR的高度虚拟仿真性无疑会给观看者带来前所未有的"逼真"体验。观众不仅能观看，而且能走进剧情和现场，和影视剧（节目）中的人物、动物、花草等密切接触，或惊悚或温馨互动，其刺激、新奇的体验定会令人神往。也正因VR在影视领域具有发展前景，国外的好莱坞、国内的华谊兄弟等影视制作机构，甚至爱奇艺等影视平台争相开始涉猎VR。

对于一些喜爱网络游戏的人来说，VR高度真实互动的场景、角色扮演和动作体验，无疑令其欲罢不能。VR应用增强了游戏者的投入度和沉浸感，使得VR游戏的"钱"景一片光明。VR在游戏领域的应用意义，还将不止于游戏盈利和用户体验的提升，对VR产品的普及和技术完善也将具有推动作用。

在社交媒介领域，高度逼真的社交环境和互动体验，对于社交媒介来说，同样是吸引用户的"撒手锏"。也正因如此，国外社交网络平台Facebook早在2014年就开始斥资20亿美元收购沉浸式虚拟现实技术公司Oculus VR。国内社交媒体重镇腾讯公司也于2015年12月在北京发布了它的Tencent VR的开发工具包及开发者支持计划。

VR在新闻报道领域的应用还处在非常粗浅阶段，这也将会是一个最有争议和最值得谨慎的领域。VR在新闻报道中的应用还基本停留在全景拍摄层面，对于新闻场景和事件经过的虚拟真实性营造还很少触及。值得注意的是，随着VR在新闻报道，特别是一些突发性、灾难性事件报道中的应用的深入，这种虚拟真实场景营造存在的新闻真实性问题和相关新闻伦理问题也将成为人们关注的焦点。

在数字出版领域，VR的应用将会给儿童、教育、艺术等产品的出版带来新的突破。书籍将不仅能看、能玩，甚至还能让读者走进书中，体验书中人物、环境和故事情节。这对书籍的亲和度和阅读率的提高将会大有裨益。

当然，从媒介发展史的角度来看，仿真度并不是决定媒介被接受程度的唯一因素，便利度和接触成本也是考量媒介能否普及的重要指标。不论是VR还是AR，在使用便利度和成本等方面都还存在诸多问题，但这些问题在人类追求媒介作为人体延伸和仿真性的长河中，终将会被解决。

5G给新闻传播业带来的影响与思考

5G作为新一代移动互联网技术，具有更加快捷、高效，带宽容量更大等特点。它将会使未来的新闻传播业由目前的以文字、图片和影像构成的"平面信息"传播为主，向以VR、AR和全景信息传播为代表的三维"立体信息"传播为主转变。传播主体也会由目前的人类内部的"小传播"，发展为万物互联的"大传播"。在不断满足人们对于信息高仿真、更快乐、更广泛的需求中，5G也会给信息传播带来更加琐碎、无意义的倾向，并给信息安全和监管带来新的挑战。在强调5G给新闻传播业带来影响的同时，还应摒弃"技术至上"的观念，看到5G只是移动互联网技术的一次升级，不能过分夸大其影响。

5G比预想之中要来得更快一些，更猛一些，更加迫不及待一些。不知不觉中，5G已经悄然来到我们身边。在2019年的春节联欢晚会上，"中央广播电视总台携手中国电信、中国移动、中国联通三大电信运营商以及厂商，成功实现了基于5G网络的4K超高清直播"。[1]高达11.73亿的海内外观众通过电视、网络、社交媒体等收视渠道，观赏了这台由5G网络传输的高清直播。虽然用户使用的收视终端还没有实现同步5G化，但是，这是5G在传媒领域运用的一次重要亮相，标志着5G在大型媒介实况传播活动中的运用已经成为现实。

这次5G大型直播运用，收视人员规模空前。在2018年12月19日召开的中央经济工作会议上，中央领导明确提出要将"加快5G商用步伐"作为2019年的一项重点工作。[2]2019年1月10日，时任工业和信息化部部长苗圩在接受采访时，专门就如何加快5G商用步伐问题提出了要加快5G芯片、5G手机等技

---

① 宜欣. 5G"点燃"央视春晚. 中国无线电，2019（2）：44-45.
② 新华社. 中央经济工作会议在北京举行　习近平李克强作重要讲话. (2018-12-21)[2024-08-26]. http://www.gov.cn/xinwen/2018-12/21/content_5350934.htm.

术和终端开发，加快 5G 网络建设、发放 5G 临时牌照，以及加快培育 5G 与教育、农业、工业、交通和医疗的融合应用等具体设想。[①]

一、技术变革：从 1G 到 5G 的加速之路

不管是阿尔文·托夫勒（Alvin Toffler）的"第 800 代人"[②]比喻，还是威尔伯·施拉姆（Wilbur Schramm）提出的"最后 7 分钟"[③]假说，都说明人类的技术创新是不断加速的。回顾从 1G 到 5G 发展历程，同样是一条技术不断迭代升级的加速之路，如表 1-1 所示。从第一代互联网 1G 到第二代互联网 2G 再到第三代互联网 3G，每一次技术升级差不多花了 10 多年时间，但是从 3G 到 4G 再到 5G，升级迭代时间缩短到了 5 年左右，信息的传输速率、应用的数量和智能化程度呈现加速增长趋势。

表 1-1　移动通信发展历程

发展历程	时间节点	主要功能	典型应用	传输模式	主要特征
1G（第一代移动通信）	1980 年	语音通信	"大哥大"、BP 机	模拟信号	国外进口 价格贵 不稳定
2G（第二代移动通信）	1995 年	语音通信、发短信、简单 WAP 网页浏览	txt 小说、彩信、手机报、壁纸和铃声下载	数字调制 GSM	流量贵 速度慢 文字阅读为主
3G（第三代移动通信）	2008 年	语音通信、游戏、上网	微博、微信、淘宝、手机 QQ、开心网、校内网	TD-SCDMA WCDMA CDMA2000	上网价格低 全球漫游 智能应用

---

① 新华社. 加快推进制造强国和网络强国建设 保持工业通信业平稳健康发展——工业和信息化部部长苗圩就贯彻落实中央经济工作会议精神接受采访. (2019-01-10)[2024-08-24]. https://www.gov.cn/xinwen/2019/01/10/content_5356791.htm.

② 未来学家托夫勒认为，如果从人类最近的祖先开始算起，人类历史只有 5 万年。如果 62 年为一代人，那么人类迄今共 800 代人。前面的整整 650 代人都生活在山洞中。第 730 代人才开始使用文字。第 794 代人才掌握了印刷术。第 798 代人才发明了电动机。如今人类使用的绝大多数物品都是第 800 代人创造的。

③ 传播学创始人施拉姆认为，如果人类的历史共有 100 万年，假设这等于一天。这一天的前 23 个小时，在人类传播史上几乎全部是空白，一切重大的发展都集中在这一天的最后 7 分钟。

续表

发展历程	时间节点	主要功能	典型应用	传输模式	主要特征
4G（第四代移动通信）	2013 年	视频、游戏、移动支付	抖音、快手、西瓜视频、支付宝、微信支付、滴滴出行	TD-LTE FDD-LTE	流量资费进一步降低 速度快 智能化
5G（第五代移动通信）	2018 年	物联网、人工智能	AR、VR、AI、无人驾驶、无人机、智慧医疗等	待定	高速度 低延时 大容量 高可靠

国内 5G 技术的发展可以追溯到 2017 年中国电信开始建设的新一代物联网（NB-IoT，Narrow Band Internet of Things）网络，这也是全球首个覆盖最广的新一代物联网网络。同年底，华为发布了被称为"全球首款"的"3.5GHz 频段的小型化 5G 预商用 CPE（Customer Premise Equipment）样机，可将高速 5G 信号转换成 Wi-Fi 信号"，[1] 上网速率峰值可以达到 1.3Gbps 以上。2018 年 8 月，摩托罗拉发布了全球首款具有连接 5G 网络功能的手机。

2019 年被称为 5G 商用元年。北京、浙江、广东等地几乎异口同声宣布要"率先开展 5G 商用"。深圳市提出 2019 年预计新增"5G 基站数 1955 座""将实现小规模连片组网"。[2] 浙江省更是举政府之力与中国电信、中国移动、中国联通、中国铁塔联手开展"5G+"行动，宣布年底前"5G 急救项目将在杭州市实现全覆盖，打通生命绿色通道"[3] 虽然北京市之前宣布，要到 2020 年才能"在北京城市副中心、2019 北京世园会园区、北京新机场、2022 年冬奥会场馆等率先开展 5G 网络商用示范"[4]，但实际情况是北京 5G 商用的步伐走得远比预想得要快，北京移动宣称 2019 年"其已经大举发力 5G 基站部署建设，年底前就能在北京五环区域内实现 5G 信号的全覆盖"[5] 三大运营商年底前在北京五环内建设

① 编辑部. 5G 技术发展大事记. 广东科技，2019（3）：18-21.
② 刘虹辰. 5G 今年在深圳率先开展商用试点. (2019-02-02)[2019-08-26]. http://sz.people.com.cn/n2/2019/0202/c202846-32608201.html.
③ 江帆. 5G 时代，看浙江领跑. (2019-04-29)[2019-08-26]. http://gotrip.zjol.com.cn/xw14873/ycll14875/201904/t20190429_10015402.shtml.
④ 中国证券网. 北京今年将推 5G 网络试点 全国预计 2020 年规模化商用. (2018-02-07)[2019-08-26]. http://finance.sina.com.cn/roll/2018-02-07/doc-ifyreuzn4306355.shtml.
⑤ 北京商报. 年底前北京五环内有望 5G 全覆盖. (2019-03-01)[2019-08-26]. http://epaper.bjbusiness.com.cn/site1/bjsb/html/2019-03/01/content_421504.htm?div=-1.

的 5G 基站"总数会突破 1 万座"。①

虽然 2019 年初 5G 还没有正式走入我们的日常生活,但是就在我们当时还对 5G 的未来和发展前景不断揣摩时,我国对第六代移动互联网 6G 的研究开发已经提上了日程。2018 年 3 月,苗圩在接受采访时甚至透露出"中国已经着手研究 6G"的信息。②

二、5G 给新闻传播业带来的影响

进入 5G 时代,就像从第一代互联网发展到第四代互联网带来了媒介形态和信息传播的诸多变化一样,5G 注定会给我们的生活工作,给新闻传播业发展带来更多的、新的可能性。尽管很多专家学者和互联网企业家都有过很多设想,但是,5G 究竟能给我们的新闻传播业带来哪些实实在在的变革和机遇,我们却很难有一个相对清晰精确的描绘。

1. 5G 是更加仿真甚至超真实的传播

人类在信息传播中一直遵循着一条不断追求尽可能将"真实"的环境、事件和人物"原封不动"或者"更加生动"地传递给信息接收者的路径。这也是为什么有了语言,还要发明象形文字、图画、影像等传播载体,而且愈是发展的后期,声音、影像等传播载体愈受到欢迎。如今,视频通话、直播、短视频、电影、电视和图片、表情包等在信息传播中受到喜爱,也是人们不断追求信息传播仿真性的表现。

笔者曾经在一篇专栏文章《畅想 5G:传媒业新的机遇和挑战》中提出,5G 时代,信息传播最大的变化将会是"由平面信息传播为主向立体信息传播为主转化"。③平面信息传播是指我们现在传播的信息主要是以声音和文字为主的"一维信息"和以图画和影像为主的"二维信息",这类平面信息的仿真程度相对较低。受众对信息真实性的还原需要根据各自的生活实践和知识积累借助想象来

---

① 北京日报. 给智慧城市打基础 北京 5G 基站年底前破万. (2019-04-27)[2024-08-26]. https://news.cctv.com/2019/04/27/ARTIzulDXVNSgYEga1w24XhI190427.shtml.
② 央视网. 工业和信息化部部长苗圩:中国已经着手研究 6G. (2018-03-10)[2024-08-26]. http://finance.ce.cn/rolling/201803/10/t20180310_28417606.shtml.
③ 陆高峰. 畅想 5G:传媒业新的机遇和挑战. 青年记者,2019(3):110.

完成。由于不同的人经历不同，对一维信息和二维信息这样的平面信息进行立体化的还原能力和还原程度均有很大差异。同时，这类二维信息接收和还原相对费时费力，特别是声音和文字这样的一维信息，解码起来就更加困难。这也是现在很多人不愿意阅读文字和通过语音来接受信息，相对来说更愿意通过观看图像和影像接受信息的原因。

不仅如此，对于平面信息，特别是一维信息的编码也同样耗时耗力，同时也会因为编码者能力和知识的差异产生"噪声"和"耗损"而"失真"，从而进一步影响信息传播的仿真性。

在5G时代之前，信息传播以一维和二维这类平面信息为主，是由当前信息传播渠道的传播能力和用户对流量的消费能力所决定的。进入5G时代，渠道会更加宽广便捷，资费会更加低廉。从而为传播更大容量、更具有仿真性的立体信息提供可能性。所谓立体信息就是VR、AR之类更加具有仿真性的三维信息。这类信息只要具备摄录或直播和接收设备，就可以把非常"逼真"的场景、影像和声音传递出去。传受之间省去了费力费时的信息解码和编码过程，可以实时享受到"超真实"的信息分享效果。这不仅在真实的人际传播之间有效，在虚拟的影视、游戏等非真实信息传递中同样会受到青睐。

2.5G是更加快乐也更消解意义的传播

人类对信息的需求除了不断追求仿真性以外，还有一个不断增强的对"快乐"的崇拜。"快乐"的信息永远比实用或严肃的信息更受追捧。在对快乐的追求过程中，意义和价值往往并不重要。在自媒体和自媒体爆文的排行榜中，娱乐类公众号、头条号和文章，通常占据优势位置。在媒体产业中，娱乐游戏类的媒体收益也远远超过严肃的以信息传播为主的媒体。甚至，一部电影、一款游戏产生的收益，就是一个传统的传媒集团一年的收益。

曾经，在电脑桌面的热点资讯弹窗中，一些所谓"标题党"的以满足人们猎奇心理为手段的信息竟能连续多日占据"热点"的首要位置，而那些事关社会发展、弱势群体利益之类信息，却很少有人关注。

5G的超真实性和高仿真性更加能够满足人们对于各种娱乐的喜好和癖好。在5G时代，媒介在满足人们对于快乐的需求时会更加便利、及时，人们获取和消费快乐也更加便利，也更加没有时间和精力去关注意义和价值，从而5G时代的新闻传播业会成为一个更加快乐的传播业，意义可能也会变得更加不重要了。

3.5G是更加海量也更加琐碎的传播

5G时代,信息传播将不再是人的专利,非人类也能传播信息。5G大容量、大宽带的特性,使得信息传播的渠道更加宽广、快速,各种信源的接入与传递更加便捷、高效。加之,随着人工智能和物联网的快速发展,智能机器人、各种物品与人类一样,都会成为信息传播的主体。这使得信息传播的内容会变得比现在还要海量和琐碎。

笔者在另一篇关于5G的文章中提出了一个5G时代将会是一个不同于现在"小传播"的"大传播"的观点:"现有的以人类内部人际传播为主的小传播,将迈向包括人类内部的人际传播,人类和人类外部人工智能设备之间的人与物或人与机器的传播,以及人类外部具有人工智能功能的物与物之间的传播在内的大传播。届时信息传播将由人类内部的小传播,发展到一个万物互联的大传播模式。"①5G时代的传媒平台也将不再是一个以传播新闻、新知信息和提供娱乐为主的小媒体平台,而是一个集信息、教育、娱乐、购物、医疗、交通和生产等多种功能的,围绕人类各种生活、工作需求的大型信息交换平台。

三、对5G影响的反思

每一次技术革新都会给社会带来变革,从工具制造和简单机械使用带来的农业文明,到电气设备和自动化技术带来的工业文明,再到计算机、信息技术发展带来的信息社会和即将到来的以人工智能为代表的智能时代,都离不开科学技术的不断发展。媒介技术的每一次变革,同样也给媒介形态和传播方式带来新的改变。就像印刷术的出现给我们带来了图书和报刊,使得信息传播在时空上更加广阔久远;就像无线电技术给我们带来了电报、广播、电视,使得信息传播在时空上更加无所不在且及时迅捷;就像计算机信息技术给我们带来了互联网,使我们信息传播和交流互动更加便捷一样,移动通信技术的每一次变革,同样给我们带来了新的惊喜。但是在强调第五代移动通信技术可能给新闻传播业带来的变化时,绝不能只看到其变化,甚至夸大其变化的一面,忽视其不变的一面,也不能只幻想其变好的一面,忽视其可能带来的负面影响。

---

① 陆高峰.畅想5G:传媒业新的机遇和挑战.青年记者,2019(3):110.

1. 不能忽视 5G 对新闻传播业的负面影响

如果从 1G 到 5G 的发展，媒介传输内容沿着从声音（1G）——文字（2G）——图片（3G）——视频（4G）——更大容量、更加绚丽真实的视频（5G）的路径走下去，那么，我们媒介的发展没有走出雅克·埃吕尔（Jacques Ellul）所批评的"最后的结果是用图像取代交流"的窠臼。埃吕尔在批评"技术至上"思维，也就是那种"用技术手段及其价值来取代批判性的道德话语的精神状态"[1]时认为，"图像等技术优势的信息发送系统和讯息形式喧宾夺主，篡夺了关于价值、目标和媒介的人类话语的重要地位"[2]。

类似对于"技术至上"思维的质疑者还有刘易斯·芒福德（Lewis Mumford）："我们的内心生活为什么变得贫乏而空虚？我们的外部生活为什么变得这样昂贵？我们的主观满足为什么更加空虚？我们为什么成了技术的神祇和道德的魔鬼、科学的超人和审美的白痴？"[3]

如果我们只欢呼 5G 给媒介形态带来美好的一面，相信 5G 的"性本善"，就像我们已经沉浸在 4G 时代算法推荐、移动短视频等低质量、琐碎化信息带来的快感中一样，去期盼着 5G 给我们带来更加"及时""真实""廉价"的快感，也许这已经背离了媒介发展的初衷。

从现有的移动化社交媒体的发展来看，我们每天接收的信息是更加高速率、低延时、便利化了，交往互动的对象和内容的容量更加大了，这些都符合 5G 技术的特征，但是，我们获得的有价值信息真的多了吗？恐怕未必。相反，我们人人都成了记者、编辑、主编，甚至连机器人都做了同样的工作，都有了自己的"版面""麦克风"和"直播间"，却没有真正的媒介素养和人文精神，反而排挤了真正的记者、编辑和主编们的生存空间，我们失去了众多高质量有价值的内容。

5G 时代信息传播的立体化和高仿真性，使我们获得的信息看起来更加触手可及，更加"真实"了，甚至出现了让·鲍德里亚（Jean Baudrillard）所说的比真实还真实的"超真实"状态，但是，"真实本身也在超真实中沉默了"[4]。

---

[1] 林文刚.媒介环境学：思想沿革与多维视野.何道宽，译.北京：北京大学出版社，2007：73.

[2] 林文刚.媒介环境学：思想沿革与多维视野.何道宽，译.北京：北京大学出版社，2007：72.

[3] 林文刚.媒介环境学：思想沿革与多维视野.何道宽，译.北京：北京大学出版社，2007：96.

[4] 石义彬.单向度　超真实　内爆——批判视野中的当代西方传播思想研究.武汉：武汉大学出版社，2003：264.

肯·多科特（Ken Doctor）在谈到互联网出现带来的报纸消失和传统新闻人职业消失的变化时这样写道："我们不知道我们到底损失了什么新闻，但有一点是可以确定的，我们所获得的新闻比从前要少。"[①]倘若5G给新的媒介形态带来的变化只是让我们获得更多的"快感"，那么很可能真的出现学者所说的"技术化世界占主导地位的程度，也就是健全生活消失的程度"[②]。

现有新媒体的发展已经出现了去新闻化、去专业化现象，高质量的新闻、富有社会正义感的监督批评和富有人文思考价值的文章已经被减少或淹没了。"因特网时代给读者和新闻工作者等群体都提供了难以置信的新工具，使得制作和传播新闻更加便利，从能想象得到的丰富的新闻来源中，你能随时随地地读到新闻。这种愿望，看起来平常，却是根本性的。但我们依然面临着一个永恒的问题：谁为高质量新闻埋单？"[③]在5G时代，是否还要继续为失去的"高质量的新闻埋单"注定成为一个问题。

2. 5G给信息安全与治理带来新的挑战

在以图文信息为主的平面信息传播时代，人们担心的个人信息安全问题主要还停留在电话号码、身份证号、银行卡号、指纹和面部识别等平面信息层面，而在5G时代，有关个人的三维信息也会成为一个安全问题。试想，当你为了购买一件更加"合适得体"的服装，而不得不在一个智能化的"量体裁衣"软件上测试你的身体尺寸时，你流失的可能不仅是一个身高、胸围、腰围的尺寸数据。获取你身体信息的软件远远比你想象的更智能化，它完全可以根据对你身体的测试打印出一个和你一模一样的3D模型出来。如果再加入生物智能等技术，也许再造一个可以以假乱真的你，也不完全是异想天开的事。

---

① 肯·多科特.传媒经济学——信息传播的12种新趋势.何训，徐继华，译.北京：电子工业出版社，2011：X.
② 林文刚.媒介环境学：思想沿革与多维视野.何道宽，译.北京：北京大学出版社，2007：96.
③ 肯·多科特.传媒经济学——信息传播的12种新趋势.何训，徐继华，译.北京：电子工业出版社，2011：XV.

不宜夸大 5G 对传媒业的影响

2019 年 6 月 6 日，工业和信息化部向电信、移动、联通三大电信运营商和中国广电同时发放 5G 商用牌照，5G 商用的石锤正式落地。在 5G 一步步从设想、试用，到正式商用的过程中，有关 5G 影响的各种文字铺天盖地。截至 2019 年 7 月，百度搜索引擎中关于 5G 的文字多达上亿条，微信公众号中能够搜索到的 5G 相关文章达 5 万余篇，中国知网收录的标题中包含 5G 的报刊文章也达到近万篇。这些文章绝大多数都在宣传分析 5G 可能会给我们的社会带来的各种各样的影响，其中有关 5G 将会给传媒业带来影响的文章也不在少数，有的甚至将 5G 的影响夸大到前所未有的高度。

毋庸置疑，5G 作为一次通信技术革新，其高速度、低延时、大容量、高可靠性等特点的确会给我们的社会生活带来较大变化，特别是其技术更新换代给经济和消费带来的巨大刺激和拉动作用，以及其技术创新可能在技术标准和通信渠道上给国际社会带来的领先优势和由此产生的通信渠道的掌控能力等，的确不容小视。但是，对于传媒业来说，渠道只是整个传媒产业链条和传播流程的一部分，且并不是产生根本作用的决定部分，过分夸大 5G 对传媒业的影响，不仅忽视了传媒业作为内容产业的本质，而且容易落入技术决定论的窠臼。

纵观传媒技术发展，每一次媒介技术的变革，的确会给媒介形态和传播方式带来新的改变。从 4G 到 5G，传播渠道的变化并不完全是颠覆性的，而是一个技术更新渐进的过程。与印刷技术、无线电和计算机技术等原始创新性技术的发明不同，5G 只不过是移动互联网体系内部的一次自然的技术迭代革新，本质上是移动互联网时代的一次技术升级。就好比一辆汽车从手动变成自动，的确给我们的驾驶体验和出行带来了较大变化，但是不管是手动还是自动，汽车给我们带来的出行变化仍然不能和高铁和飞机带来的变革同日而语。

从 1G、2G 到 3G、4G 的发展路径来看，每一次升级只不过是信息传播的速度更加快速高效、信息传播费用更加低廉而已。简单概括来看 1G 时代是语音传播，2G 时代是语音+文字传播，3G 时代是语音+图文传播，4G 时代是图文+影音传播，媒介形态的变化和传播的内容没有超出传统传播媒介和互联网所传播的文字、声音和影像范围。由此也可以推测出 5G 时代的传播将会是更大容量和更加便捷的图文+影音传播。这会给 VR、AR 等更大容量、更具仿真性的信息带来传播机会。但是，由于传统的图文、声音等编码和解码会更加便捷迅速，生产和接受成本更为经济低廉的内容仍然会占据信息传播的主流位置。

从移动互联网的本质属性来看，它是传统互联网的移动化。移动互联网带来的媒介形态和内容生产的变化，没有从根本上超出传统互联网的范畴。只不过是将媒介从固定电脑屏幕搬到了手机上，交往互动更加便捷而已。从某种程度上说，微博是博客的手机版，短视频是网络视频的手机版，微信是飞信和网络视频通话的手机版。如果仅仅就传输容量大、速度快而言，移动互联网将要出现的媒介形态，在传统互联网上都能够实现。5G 给新闻传播业带来的发展变化，不会超出整个互联网的发展环境可能产生的变化。

从媒介发展的规律来看，尽管在一定时期，新的媒介形态作为新的传播渠道具有一定的决定性影响，但是从长远来看，决定媒介价值和发展的根本性因素仍然是高质量的内容。不管内容是文字的、声音的还是影像的，都必须靠内容质量说话。这也是为什么印刷术出现后，石碑和手抄的牛皮纸上的内容仍然有人研读，电视和网络出现后，图书仍然没有被抛弃。

可以说，不论移动互联网发展到 5G 还是 10G，也不管是过了百年、千年，如今火爆的推文和抖音也许就不会有人阅读观看了，但是，李白、杜甫的诗文一定还会有人看。我们在看到 5G 可能带来的变化时，绝不能只看到媒介形态的变化，而忽视内容价值。

在内容为王还是渠道为王的争论中，渠道在短期内时时能够占据上风，就好比一条狗在一个亿万人观看的平台上也会成为一条"名狗"，但是，从长远来看，在历史长河中，内容才是传媒业真正的"王"。如果传媒业在每一次技术变革中，忽略自己内容生产和信息传播的本业，不断见异思迁，一会儿忙着大数据、区块链、人工智能，一会儿又要拥抱 5G、6G、VR、AR，最终很可能落得邯郸学步的下场。

微传播，侵入我们生活的"客人"

　　随风潜入夜，润物细无声。移动通信和新媒体技术快速发展，在改变着传统媒体的生态环境的同时，也在不知不觉中改变着我们的生活。

　　南京大学艺术研究院周宪教授在其《时代的碎微化及其反思》一文中，描述了他2015年访问腾讯公司深圳总部时，被微传播"震惊"的情形："在那座摩天大楼式的总部二楼，有两块巨大的LED显示屏，向来访者叙说着腾讯正在如何改变世界。一个显示屏上正显示当时有3.8亿微信用户在线，星星点点不停地在五大洲闪烁；另一个显示屏上显示的是当时有1.2亿QQ用户在线……"[①]

　　中华全国新闻工作者协会2014年首次发布的《中国新闻事业发展报告》的数据显示，微信、微博等成为使用人数最多、传播力最强的新媒体形态。

　　现实生活中，微信、微博等不仅成为人们须臾不离地获取信息、监视环境、交流情感、沟通意见、分享新知的信息工具，同时也是人们出行参考、购物支付、金融理财、休闲娱乐、工作协调、生产调度、产品营销、举报投诉、参政议政、教学授课等方面的生活、学习和工作伴侣。有的高校老师，甚至将微博、微信作为学生上课考勤签到的工具。微传播几乎"入侵"到我们生活的方方面面。

　　不仅如此，微传播还是用户使用频率较高的生活工具。中国互联网络信息中心2014年7月份发布的调查数据显示，31.4%的微博用户会每天使用微博，其中，新浪微博用户每天登录微博的比例是40.7%，另外有近25%的用户每周会登录微博2次以上。从每次的使用时长来看，34.4%的用户每次登录的使用时长在11～30分钟，另有24%的用户每次登录的使用时长在半小时以上。从微信的使用频次来看，31.4%的用户每天都使用微信，有24.9%的用户每周使用两

[①] 周宪.时代的碎微化及其反思.学术月刊，2014（12）：5-12.

次以上。①

微博、微信每日推送的信息量，也能从一个侧面验证人们日常生活和工作与微传播的"亲密关系"。人民网发布的2014年中国互联网舆情分析报告所引用的来自政府网络管理部门的数据显示，微信日均发送信息高达160亿条，QQ日均发送信息60亿条，手机客户端日均启动20亿次，新浪微博、腾讯微博日均发帖2.3亿条。

一些政府部门和组织机构，也把微传播作为沟通民意、政务公开、办事服务、网络问政，以及公益慈善、品牌和形象塑造等工作的工具。截至2023年12月，我国在线政务用户规模达9.73亿人，同比增长4701万人，占网民整体的89.1%。经过新浪平台认证的政务机构微博为14.66万个。我国31个省（区、市）均已开通政务微博。其中，河南省各级政府共开通政务机构微博达10.07万个，居全国首位；其次为广东省，共开通政务机构微博9.88万个。②政务微传播的运用，极大地拉近了政府机构与公众的距离，为沟通民情民意和做好便民服务工作开通了新的渠道。

微传播不仅改变着我们的生活和工作，也在不断改变着媒介的生态。微传播的发展"蚕食"着传统媒介的生存和发展空间，不仅传统媒介的用户大量流失，而且经济效益也随着用户和广告的流失，在不断衰减。传统媒体所占的市场份额，已经逐渐被以微传播为代表的新的传播媒体所侵占。据《中国传媒产业发展报告（2014）》统计，2013年中国传媒产业总体规模达8902.4亿元，同比增长16.2%，其中移动互联网对传媒产业增长贡献率达到30.3%。这种"入侵"，必然使得传统媒介的生存环境和传统媒介人的从业生态更加艰难。

微传播在不断"入侵"传统媒介生存空间的同时，也在不断革新，甚至颠覆传统媒介的生产方式。传统媒介依靠自身记者编辑为主体的传统生产方式，依靠发行和推介为主要手段的信息产品营销方式，已经被微传播全新的依靠用户自助生产、自助分享的"众筹"式信息生产和交流方式所取代。不仅信息产品的生产和营销成本大大降低，而且时效性和传播效率有了很大提高。

从社会发展来看，微传播信息生产方式的变革，其更重要的意义还不在于

---

① 中国互联网络信息中心．第34次《中国互联网络发展状况统计报告》．(2014-07-21)[2025-01-08]. https://www.cnnic.net.cn/n4/2022/0401/c88-765.html.

② 中国互联网络信息中心．第53次《中国互联网络发展状况统计报告》．(2024-03-22)[2024-08-24]. https://www.cnnic.net.cn/n4/2024/0322/c88-10964.html.

信息生产经营成本的降低，而是对于传统信息生产模式的信息来源单一化、同质化和普通民众话语权缺失的突破。微传播的出现，让每一个人都可以拥有自己的"麦克风"，从而使得广大"草根"有了更多的发声机会。这必然在一定程度上影响着社会生活，包括政治生活的进步。

微传播不仅契合了人们快节奏生活中空闲时间零散、微细的需求，也迎合了人们获取信息便利、快捷和省时、省力的心理需求。微传播同样满足了人们参与社会、政治生活愿望。从这些意义来看，微传播不仅是我们生活中防不胜防的"入侵"者，也是我们生活中应该主动拥抱的"客人"。

"车机"将会成为下一个强势媒体

用户到哪里，媒体服务就要做到哪里。这是任何一个媒体安身立命和发展壮大的基本原则。每当社会进步、科技发展给人们的生活方式、信息交流方式带来新的可能的时候，那些能够及时捕捉到用户流动变化，并及时给用户提供新的信息服务的媒体，总是能够稳立潮头。

当用户从报纸流向广播电视的时候，虽然报纸和广播电视并行了近百年，但是报纸的风头明显受到了广播，特别是电视的压制。当用户从报纸和广播电视流向互联网，特别是以手机为代表的移动互联网的时候，报纸和广播电视发展的颓势也变得难以掩饰了。如今，当汽车正在成为人们必备的出行工具，汽车将同手机一样成为人们的移动"伴侣"，汽车也许会成为像手机一样的移动媒体，甚至是更加社交化的移动媒体。利用当前汽车用户的快速增长趋势和汽车行业车联网的发展潜力，加快适配于汽车的各种媒体化应用的开发，将会成为把握未来媒体发展潮流和机遇、颠覆现有媒体格局、具有战略前瞻意义的创新工程。

据新华社 2024 年 7 月份公布的信息，"截至 2024 年 6 月底，全国机动车保有量达 4.4 亿辆，其中汽车 3.45 亿辆，新能源汽车 2472 万辆；机动车驾驶人 5.32 亿人，其中汽车驾驶人 4.96 亿人"[①]。随着人们收入水平的提高，汽车保有量和汽车驾驶人群体数量还将出现较快增长。在当前移动通信用户增长已经出现瓶颈的情况下，如何抓住汽车用户这一未来的快速的增长点，将体量庞大的汽车用户转换为汽车媒体用户，值得有战略眼光的媒体人和投资人尽早谋划。

近年来，一些新推出的汽车已经顺应当前移动互联网发展趋势，在智能化

---

① 任沁沁. 全国机动车达 4.4 亿辆 驾驶人达 5.32 亿人. (2024-07-08)[2024-08-25]. https://www.gov.cn/lianbo/bumen/202407/content_6961935.htm.

和信息化方面做出了很多探索。汽车媒体化应用利用移动网络应用增加了更多的信息互联互通功能。如某日系合资品牌车企从2018年起就全面启动向智能进化的品牌战略，通过导入全球领先的"智行科技"系统，为消费者提供更加互联的"人·车·生活"体验。另一个国内控股的欧洲品牌汽车在2019年4月开始与华为开展合作，在其下一代智能车载互联系统中引入华为应用市场等"智能互联"服务，为用户打造更加丰富的车内移动智能服务平台，带来"手机+车机"的智慧生活超强体验。其提供的"随车管家"除了能提供智能化的车辆诊断、安防和救援服务，还能够提供"股票、天气、酒店和机票预订"等生活服务。

虽然一些中高档品牌汽车已经注意到汽车作为移动互联品牌的潜力和汽车用户的巨大市场价值，在汽车媒体化、智能互联化等方面做了一些开拓性的尝试，但是，从目前的应用水平来看，仍然比较初级，还有很多更具想象力和创新性的功能需要汽车和互联网科技企业大力投入和开发。

与现有的以手机为代表的移动媒体相比，汽车媒体或车机在未来有着几乎和手机相近的用户群体规模，也有着几乎和手机一样不可缺少的用户"黏性"和移动性。从现有的用户群体来看，车机用户更加年轻，更愿意接受创新，也更有消费潜力。这些用户不仅有望成为车机媒体内容生产的核心用户，也是媒体营销广告的重点投放对象。和手机相比，车机具有更加丰富的信息交互视频内容和更加多样的信息交互呈现方式，信号的传输和储存也远远优于手机，具有更加丰富的发展前景。

近年来，国家正在大力推动媒介融合，而我们现有媒体，特别是政府创办和财政补贴的官方媒体，在媒介融合上存在的最大问题就是融合思维缺少原始性、颠覆性的创新。回想这些年新兴媒体和商业媒体平台一步步的发展历程，就能发现国有或官方媒体在发展创新思维上存在的种种僵化问题。当国有电信企业还在纠结免费的飞信是否会影响一毛钱一条的短信收入时，免费的QQ和微信完全超越了电信的服务模式。当我们的电视将免费的无线信号传输主动停掉，企图靠有线电视收视费来赚取更大红利的时候，免费的网络视频填补了有线电视的增长空间。当我们满足于将报纸和电视内容简单搬到互联网上，以为这就实现了"互联网+"和媒介融合的时候，微信、微博、头条、抖音等移动社交媒体平台又已经远远将我们甩在了脑后。

如今，汽车作为一个具有较大发展潜力的下一代强势媒体，再一次将媒体发展中具有弯道超车意义的机遇摆在我们面前，能否抓住机遇，成为考验一些媒体和宣传领导是否具有前瞻性运用媒体能力的一个标志。车机也将会成为汽车和互联网行业精英竞逐下一个互联网"蓝海"，赢得下一个互联网红利的重要疆场。

网络视频产业的现状与未来

网络视频产业经过近 20 年的快速发展，已经成为一个用户群体和产业规模庞大、产业发展前景广阔、潜力巨大的朝阳产业。在 2016 年 12 月 8 日举行的"第四届中国网络视听大会"上，时任国家新闻出版广电总局局长聂辰席高度评价了网络视听产业的产业价值，认为其"作为一种迅猛发展的产业新形态"，将成为"深入实施创新驱动战略的重要平台"，"聚集新动能、培育新经济的重要引擎"。①

笔者通过对 2008 年以来的网络视频用户变动情况的追踪发现，近 16 年来，我国网络用户规模从 2008 年的 1.8 亿增长到 2023 年的 10.67 亿，15 年增长了 6 倍。

从网络视频的产量来看，网络视频生产增长迅猛。《中国网络视听发展研究报告（2024）》显示，截至 2023 年 12 月，主要长视频平台作品存量达 12 万余部；2023 年度上线作品量达 1.7 万余部。2023 年全年共上线重点网络微短剧 384 部，较 2022 年（172 部）增加一倍多。此外，调查数据显示，经常观看微短剧用户占比达 39.9%，仅次于电视剧/网络剧和电影/网络电影。其中，31.9% 的用户曾为微短剧内容付费。②

从消费需求来看，网络视频不仅是网民消费互联网服务产品的主要形态，也是网民消费网络流量的主要内容。早在 2016 年，在网民消费的互联网应用中，网络视频排在即时通信、搜索引擎和网络新闻之后的第 4 位；在网民消费的

---

① 王甲铸，何川，王小英. 聂辰席出席第四届中国网络视听大会开幕式并作主旨演讲. (2024-03-22)[2016-12-08]. https://news.cctv.com/2016/12/08/ARTIcDBti8AXdoNRXLRmNAbY161208. shtml.

② 中国网络视听节目服务协会.《中国网络视听发展研究报告（2024）》在蓉发布. (2024-03-28)[2024-11-20]. http://www.cnsa.cn/art/2024/3/28/art_1977_43660.html.

移动互联网应用中，网络视频排在了手机即时通信、手机网络新闻、手机搜索引擎和手机网络音乐之后的第 5 位。如今，网络视听已经成为"第一大互联网应用"，网络视听用户规模与排在第二的即时通信之间的差距进一步拉大，领先优势从 2022 年的 184 万人提升到 2023 年的 1414 万人。[①]

在网民消耗的网络流量中，绝大部分来自视频。华为公司董事徐文伟早在 2016 年就说，当时网络流量中已经有 70% 是视频，将来会达到 90%。全球网络设备商思科 2014 年 6 月发布的报告显示，美国网络消费类流量 78% 来自视频，到 2018 年，视频消费将占美国互联网流量的 84%。

从产业规模来看，中国演出行业协会发布的《中国网络表演（直播与短视频）行业发展报告（2023—2024）》显示，2023 年我国网络表演（直播）行业市场营收规模达 2095 亿元，较 2022 年增长 5.15%[②]，远超过 2023 年全国电影 549.15 亿元的总票房。基于其用户基数优势，抖音、快手、微信视频号三个综合性内容平台主播 / 创作者数量与业务量领跑，处于行业头部位置；哔哩哔哩、YY、陌陌、虎牙等平台，内容与面向的用户各有侧重，业务发展呈向好态势，经营活力凸显。

随着媒介融合和网络科技创新的不断深入，网络视频产业的竞争仍将不断加剧，产业规模和产业形态也将不断升级。今后，融合、创新和版权将会是网络视频产业下一步发展的三大法宝。通过媒介融合，网络视频将会以意想不到的媒体形态出现；通过科技创新，网络视频将会以意想不到的形式呈现；通过内容和版权保护，网络视频将会有意想不到的价值表现。

《中国网络视听发展研究报告（2024）》显示，2023 年，包括长视频、短视频、直播、音频等领域在内的网络视听行业市场规模首次突破万亿，达 11524.81 亿元，以网络视听业务为主营业务的存续企业共有 66 万余家。短视频直播在赋能电商、文旅发展方面表现突出。71.2% 的用户因观看短视频 / 直播购买过商品，40.3% 的用户认同"短视频 / 直播已成为我的主要消费渠道"；44.4% 的用户经常收看旅游 / 风景类短视频，较 2022 年提升了 16.3 个百分点，27.9%

① 中国网络视听节目服务协会.《中国网络视听发展研究报告（2024）》在蓉发布. (2024-03-28) [2024-11-20]. http://www.cnsa.cn/art/2024/3/28/art_1977_43660.html.
② 南方都市报. 主播账号超 1.8 亿 用户规模 8.16 亿. (2024-06-21)[2024-11-20]. https://baijiahao. baidu.com/s?id=1802422887791229101&wfr=spider&for=pc.

的用户"会因为看短视频/直播去某地旅游"。[①]随着用户对移动化、便利化、仿真性、社交性和服务性等媒介需求的不断加强，网络视频将会与VR、社交、游戏、购物、搜索引擎、精准算法推介、移动和智能应用，以及教育、医疗、旅游等服务和产业紧密结合，在相互融合互动中创造出新的天地。

---

① 刘阳.《中国网络视听发展研究报告（2024）》发布　我国网络视听用户规模达10.74亿.人民日报，2024-03-28(12).

旅游＋IP：文化创意旅游的新业态

在 2018 年国庆黄金周期间，国内各旅游目的地共接待国内游客超过 7 亿人次，实现国内旅游收入近 6000 亿元，同比增长率均超过 9%。在国人旅游消费高涨，各地旅游景点纷纷出现游客"爆满"，旅游市场全线"飘红""利好"的情况下，中国旅游研究院的报告显示，国内旅游行业也表现出了"文化需求旺盛，文旅融合产品备受追捧"的新特点。相关旅游票务平台的大数据也显示，年轻人，特别是"00 后"，对主题公园和人文景观更是青睐有加。

长期以来，随着各地对山水、田园、海岛等传统自然旅游资源开发的日益完善，以自然资源为主体的旅游形态不仅资源愈来愈少，而且成本愈来愈高，出现了"瓶颈"。但是，随着人们对文化需求的提升，旅游和文化的融合的加强，文化创意旅游日益成为旅游产业发展和旅游资源开发的新的增长点。中国旅游研究院公布的数据显示，国庆长假期间，文化类景区整体预订量同比增长超过 36%。其中，遗产类景区同比增长 42%，文化展演类同比增长 51%。国庆期间，超过 90% 的游客参加了文化活动。在旅游和文化不断深度融合的大背景下，也涌现了"旅游＋IP""旅游＋网红"等新的产业形态和新的文化景观。

IP 是 Intellectual Property 的缩写，为知识产权、智慧产权或智力成果权的英文简称。在文学、影视、艺术、设计和技术发明创新领域，IP 一直是代表原创能力、创新能力、核心竞争力和发展潜力的重要智力成果资源和财产资源。随着旅游行业不断提升自身的个性化、品牌化和加强与文学、影视、艺术、设计等深度融合的文旅融合意识，IP 也受到了旅游行业的追崇，甚至有了"得 IP 者得天下"的说法，出现了众多"旅游＋IP"产业新形态。"旅游＋电影 IP""旅游＋文学 IP""旅游＋综艺 IP""旅游＋网游 IP""旅游＋动漫 IP"等纷纷成为旅游行业产业升级的新举措。

在"旅游＋IP"产业里，"旅游＋电影或影视 IP"已经形成了较为成熟的产业模式。虽然"旅游+IP"概念近年来刚刚兴起，但是，"旅游+IP"的产业实践却早已有之。风靡世界的迪士尼乐园就是"旅游+电影"、动漫等IP运作的一个典范。国内各地较有影响的水浒城、三国城、西部影视城等，也是"旅游+影视IP"运营的先行者。目前，以拥有众多优质电影IP著称的华谊兄弟在长沙、苏州和海口开发的"电影+旅游实景"旅游项目，也是国内"旅游+电影IP"的旅游开发中具有代表性和特色性的项目。

在"旅游+综艺IP"方面，一段时间以来，《爸爸去哪儿》《极限挑战》《奔跑吧》《亲爱的客栈》《向往的生活》等综艺节目的热播，均带火一批旅游景点，给综艺节目的实景拍摄地带来强大的旅游效应。这些综艺节目精心选择和拍摄的场景和场地，不仅给节目观众带来精美的视觉享受，增加综艺节目的观赏性，同时也暗中为这些聚集在屏幕前娱乐的观众设置下了旅游议程，成为群体数量动辄达亿计的综艺节目观众心中向往的旅游目的地。《亲爱的客栈》节目在泸沽湖的一家客栈拍摄，在节目热播期间，该客栈的房价暴涨10倍以上仍然一房难求。2017年中国旅游研究院联合马蜂窝旅行网发布的《全球旅游目的地分析报告》显示，综艺、影视、动画、微信公众号，以及亲朋好友推荐，是影响中国游客选择旅游目的地的最重要因素。有24.5%的受访者表示，愿意选择综艺、影视剧和动画的取景地作为自己旅游的目的地："想去取景地亲自看看镜头里的风景，去相同的建筑物前留影，走相同的游玩路线。"

动漫或虚拟代言明星IP带火旅游业的案例也屡见不鲜。日本熊本县本是九州岛中西部一个经济相对落后的以农业为主的地方，自从推出了虚拟动漫形象代言人熊本熊之后，其两年就给当地旅游及相关产业带来了约合76亿元人民币的收益。日本为吸引世界各地的动漫迷到日本旅游，在2016年还专门成立了日本动漫旅游协会并通过杂志和网站发布选票、征集用户投票的方式从动漫中出现的具有旅游开发潜力的人气场景评选出88个动漫旅游胜地。国内热播的《全职高手》动画版推出后，也对杭州的西湖、知味观、宝石山和保俶塔等在动漫中出现的景点起到了很好的推介作用。

随着网络直播行业的快速发展和一大批网红主播的涌现，"旅游+直播或网红IP"也成了旅游行业资源开发的一个新亮点。艾媒咨询公布的数据显示，2018年我国在线直播用户规模将达4.60亿户，2019年将有望突破5亿。如此庞大的以年轻人为主体的用户规模，也是旅游开发的优质用户资源。目前，一些地方看好网络直播带来的商机和网红主播的品牌价值，开始开发一些以集聚网红主播作为吸引游客手段和以提供网络直播服务为特色的网红小镇。如位于武汉蔡甸区的一个村就利用当地原有的村湾、花田、河流、湖泊和农民闲置的农房等资源，通过设计改造，引进网络直播，创建了一个具有欧式风格的网红小镇，成为湖北省首批特色小镇。

浩渺行无极，扬帆但信风。近年来，国家正在大力推动旅游业与文化事业和产业的融合发展，大力开展"旅游+IP"产业资源开发，这不仅是拉长影视娱乐、游戏直播等文化创意产业链，做大做强这些文化创意产业的有力举措，也是推动旅游业转型升级，开发旅游产业新资源，打造旅游创意产业新业态的重要抓手。

广电行业MCN融合发展现状与趋势

新的信息技术与传统媒体产业的融合创新一直在不断催生出新的产业形态和产业模式，也在不断上演造富的神话。从无线电、互联网，到大数据、区块链、物联网、人工智能、虚拟现实……新媒介技术的引擎不断创造产业发展新机遇的风口。作为有着近百年产业发展史的广播电视产业，在媒介技术环境不断更新过程中，也不愿失去每一次新的发展机遇。在媒介融合发展背景下，IPTV、APP、VR、AR、AI、5G、MCN……广播电视行业似乎对每一项新技术、新业态，都保持着充分的热情。在当前流量变现、直播带货、网红经济快速发展、广受热捧的形势下，广电行业同样不愿错过MCN可能带来的产业发展机遇。

一、MCN的前世今生

从传媒产业的发展历史来看，MCN算不上是一种原始创新。互联网中的很多"新鲜"事情都能在传统社会现实中找到它的影子。在古老的口语传播时代虽然无法产生网红，但是那些通过在公众场合演说来"圈粉"的演说家，其实就是那个时代的网红"KOL（意见领袖）"，只不过称为"嘴"红或者"口"红更贴切一些。目前在网络直播和短视频中受到热捧的"直播带货"，其实就是传统媒体时代街头促销、电视购物等促销导购手段在网络视频时代的翻新。只不过街头和电视购物的促销人员，囿于传播平台所限，没有网红知名度高而已。

MCN是Multiple-Channel Network的简称，从字面可以理解为多渠道网络。从本质上看，MCN是传统媒体时代信息或产品多渠道扩张手段、策略，在网络时代产生的新形态。在传统媒体时代，一家企业的产品或服务广告同时通过报纸、期刊、广播、电视和户外等多种手段投放，也是一种MCN策略。追溯到大众媒体产生之前，早在古罗马时期，一些政治演说家，一面通过在公众场合的演讲表达自己的政治主张，一面通过私人书信，同时通过将其张贴在公共场合供人阅览、朗读等手段来表达自己的观点，其实这就是最早期的MCN信息传播形式。

当前意义上的MCN概念，是YouTube首先提出的。早在2007年，YouTube就实施了YouTube Partner Program这一流量分成合作伙伴计划，按照视频点击量带来的广告收入与视频内容生产发布方进行收益分成，以此激励内容生产方的积极性。在YouTube合作伙伴计划的促使下，自媒体平台内容生产发布成了一个有利可图的行业，开始逐渐诞生了专业性的内容生产和代理运营机构。早期从事网络视频生产和网红代理的代表性专业机构Maker Studios，在2009年应运而生。

该公司在2014年被迪士尼公司（Walt Disney Co.）以5亿美元的价格收购。此时的Maker Studios已经发展为一个为全球55000个频道的3.8亿订阅用户制作和发布视频，视频的月点击量达55亿次的MCN机构。[①]Maker Studios在全球范围内签约的内容生产者，包括当时全球最大的网红PewDiePie在内，一度超过6万人。2017年该公司被迪士尼整合入"迪士尼数字网络"（Disney Digital Network）后关闭。类似参与YouTube内容生产分成的MCN机构还有Treasure Hunter、AwesomenessTV等。

MCN机构快速发展既有社交媒体快速发展的媒体生态背景，也有其多渠道运营，实现信息传播1+1＞2整合营销传播的效果的合理性。"有数据显示，平均而言，多渠道营销和销售每增加一个渠道，收入分别可增加38%、120%和190%。"[②]随着MCN模式的成功，MCN机构数量大量增加，Facebook、Twitter、Snapchat等社交媒体也纷纷引入这种营销变现模式。

随着国内社交媒体，特别是视频直播、短视频的快速兴起，MCN这种在国外社交媒体中获得成功的营销模式又开始在国内获得克隆并实现快速增长。在经历了2012—2013年微博、微信快速发展、短视频开始兴起的"萌芽期"，

---

① 新浪科技. 迪士尼5亿美元收购You Tube视频制作商Maker. (2014-03-25)[2024-08-26]. https://tech.sina.com.cn/it/2014-03-25/07129268932.shtml.

② 德外5号. 国外MCN十年发展简史，带给中国哪些启示?. (2019-10-23)[2024-08-26]. http://www.mcnjigou.com/?id=4567.

2014—2015 年的"发展期"和 2017—2018 年"爆发期"以后，国内MCN机构从 2015 年的 160 家左右，发展到 2020 年的 2 万余家。

克劳锐 2020 年 5 月份发布的《2020 中国MCN行业发展研究白皮书》显示，得益于电商平台内容版块增加，新晋短视频平台兴起，小众平台日活跃用户数量增加，更多流量的开放，内容创作者迅猛增长等因素，当前"MCN机构数量突破 2 万家"[①]，比 2018 年MCN机构多 5000 家，翻了两番，比 2015 年增长了 100 多倍。MCN也成了集网红孵化和网红商业变现的主要手段，"90%以上的头部红人被MCN公司收入囊中，或成立了自己的MCN"[②]。

二、广电MCN发展现状

MCN模式引入中国市场后，其巨大的跨渠道、跨领域的内容生产、网红孵化、流量获取与变现能力，令正处在媒介融合、产业转型迷惘期，产业发展低谷期的广电行业看到了新的曙光。

克劳锐《2020 中国MCN行业发展研究白皮书》显示，当前MCN产业发展数据总体令人兴奋。2019 年，近 6 成MCN机构营收规模达到千万级，近 3 成头部MCN机构营收规模破亿，88%的MCN公司整体营收规模上升。营收规模上升比例超 100%的MCN机构集中在短视频领域，短视频赛道表现突出。与上一年度相比，2019 年 74%的MCN机构利润上升，其中利润率增长超过 100%的占到 21.2%。[③]

与MCN产业发展正处在整体"飘红"期相比，技术与产业转型期的老牌产业广电行业却总体表现不佳。据《中国经营报》记者 6 月 6 日报道，"近年来，随着移动互联网、IPTV、OTT TV、短视频及各种APP等的兴起，很多地方广电的有线电视网络业务收入已经难以为继。据统计，2019 年广电系 12 家公司的总营业收入为 489.26 亿元，同比下降 8.89%，归母净利润总额 44.19 亿元，同比

---

① 克劳锐. 2020 中国MCN行业发展研究白皮书. (2020-05-08)[2024-08-26]. https://www.cbndata.com/report/2250/detail?isReading=report&page=1.

② 克劳锐. 2019 中国MCN行业发展研究白皮书. (2019-03-22)[2024-08-26]. https://finance.youth.cn/finance_cyxfgsxw/201903/t20190322_11904659.htm.

③ 克劳锐. 2020 中国MCN行业发展研究白皮书. (2020-05-08)[2024-08-26]. https://www.cbndata.com/report/2250/detail?isReading=report&page=1.

下降 18.27%"①。

《中国新闻出版广电报》在 2020 年 5 月 20 日提供的 2019 年广电上市公司年报数据，同样让人压抑，"受限于有线电视业务用户严重流失，广电公司整体收入和归母净利润持续下滑。年报显示，11 家上市有线电视运营商 2019 年合计营收为 369.06 亿元，同比下滑 30.5%。从净利端来看，2019 年行业合计归属母公司净利润为 43.29 亿元，同比下滑 18.2%"②。与新媒体产业快速发展相比，"传统有线电视收视渗透率、用户数持续下跌"③。

在新兴媒体冲击，传统业务失灵，融合转型被动滞后的诸多内忧外困情况下，广电行业几乎把每一个新技术、新业态都当作自身脱胎换骨，甚至"涅槃"的机会。如今看到 MCN 行业网红带货、流量变现，名利兼收的"无限风光"，广电行业不会无动于衷，况且任何出自网红个人和机构的短视频与网络直播，不管做得多么专业，与广电相比都是用户生产内容（UGC），广电才是真正专业生产内容（PGC）。

音视频内容生产，红人主播打造，收视流量变现，这些本来都是广电行业，特别是电视诞生近百年来屡试不爽的拿手好戏。想想当年连一条狗在电视上播放一星期都会成为"名狗"的豪气，广电行业即使不眼红 MCN 行业的红利，恐怕也不能坐视一些"业余"人员抢了自己的"眼球经济"。

经济学家科斯及其助手王宁在研究中国的经济改革时曾提出一个"边缘革命"的观点，他们认为中国的经济改革除了由自上而下的政府主导模式外，还有一种是由民间边缘力量自下而上主导的改革。他们认为中国经济改革中"真正的改革先锋不是拥有各种特权被奉为社会主义'掌上明珠'的国企，而是那些落后的边缘化的群体"。其中，"意义最为重大的变革是在中国经济最为薄弱的环节农业中爆发的"④。

就像经济社会中的很多变革都是从边缘群体首先开始破冰一样。中国广电行业的 MCN 之路也是从娱乐频道和城市台开始试水的，时间是在 MCN 在国内已经处于"爆发期"，各大视频、直播平台纷纷推出"内容补贴"战略，吸引

---

① 谭伦，张靖超. 中国广电角力 5G 加速整合"全国一张网". (2020-06-06)[2024-08-26]. http://www.cb.com.cn/index/show/bzyc/cv/cv13459631643.
② 杨雯. 增长乏力　期待 5G. 中国新闻出版广电报，2020-05-20(05).
③ 杨雯. 增长乏力　期待 5G. 中国新闻出版广电报，2020-05-20(05).
④ 罗纳德·哈里·科斯，王宁. 变革中国：市场经济的中国之路. 北京：中信出版社，2013：70.

各大网红机构和个人转型MCN的2018年。"从2018年下半年开始，湖南娱乐频道、成都广电、中广天择开始在MCN领域有所布局，随着浙江广电、山东广电、黑龙江广电等省级广电加入，广电MCN范围进一步扩大。"①

2018年全国MCN机构只有5000余家，伴随着MCN机构整体数量的迅速扩大，广电MCN机构的数量也迅速增加，并逐渐向专业化、规模化发展。"继湖南娱乐成立Drama TV率先开启MCN模式后，黑龙江广播电视台成立融媒体机构试水短视频和直播带货，山东广播电视台推出闪电MCN机构（Lightning TV）试水短视频，浙江广电和成都广电也通过设立专门公司开始涉足MCN行业。"②

当前，广电行业包括央视等主流媒体在内，网络视频化和MCN产业化发展方向热度明显，纷纷在抖音、快手等短视频和直播平台开设账号进行MCN多渠道运营，越来越多的广电机构成立专门的MCN机构，进行专业的市场化运营。有研究显示，"2019年广电机构加大在短视频产品上的布局，头部产品已远超其他类型媒体，4家广电机构所属短视频账号累计粉丝量均达到过亿人次，38家广电机构中有58个账号粉丝量过千万。中央广播电视总台2019年共拥有短视频账号75个，累计粉丝量达7.6亿；湖南广播电视台累计粉丝量排名第二，达2.5亿；北京广播电视台和河南广播电视台累计粉丝量均达到1亿以上"③。

目前，由广电行业专门设立的代表性MCN机构有2018年7月长沙广电设立的中广天择MCN中心，2018年9月成都广电成立的云上新视听，2018年10月湖南娱乐频道开始打造的Drama TV，2018年底无锡广电推出的"百室千端智慧联盟"项目，2019年下半年浙江广电成立的黄金眼MCN，2019年11月济南广电成立的鹊华MCN，2019年12月山东广电成立的Lightning TV和黑龙江广电成立的龙视频等。

湖南娱乐打造的Drama TV在多家MCN机构排行榜上跻身前20位，成功打造了"张丹丹的育儿经""叨叨酱紫""维密也小曼"等优质账号，签约抖音达人超过200位，抖音粉丝量约1.12亿。

---

① 唐瑞峰. 广电MCN调研报告 形成特色的成长路径和运营机制，助推广电融合转型. 电视指南，2020（8）：20-23.
② CTR媒体融合研究院. 2019年主要央媒及广电机构网络传播效果评估. (2020-05-11)[2024-08-26]. https://lmtw.com/mzw/content/detail/id/185809.
③ CTR媒体融合研究院. 2019年主要央媒及广电机构网络传播效果评估. (2020-05-11)[2024-08-26]. https://lmtw.com/mzw/content/detail/id/185809.

三、广电MCN发展SWOT分析

艾媒大文娱产业研究中心2020年1月份发布的研究报告显示，预计2020年度"中国MCN机构数量将达到28000家"，"中国MCN市场规模将升到245.0亿元"。[①]在普通用户、网红、明星、名人、工商企业争相以极大人力物力投入MCN带货、变现的争夺粉丝、流量和销量大战中，纸媒、电台、电视台、出版等传统媒体也纷纷入局MCN产业，希望在MCN领域分一杯羹。在这种情况下，广电行业竞逐MCN赛道，能否为广电产业转型、突破当前产业发展困局打开一扇门，杀出一条道，值得深思。

美国旧金山大学国际管理和行为科学教授海因茨·韦里克（Heinz Weihrich）曾提出一种用来分析企业竞争战略的SWOT分析法，从S（strengths，优势）、W（weaknesses，劣势）、O（opportunities，机会）和T（threats，威胁）四个维度，分析企业的竞争战略可行性。判断广电行业能否在MCN战略布局中取得成功，我们也不妨使用SWOT分析法，从广电行业的内部优势、劣势和外部机会与威胁来分析其产业竞争成功的可能性。

从广电行业发展MCN的内部优势和劣势来看，优势是：（1）广电行业高质量内容生产的专业性；（2）广电人才队伍，特别是知名电视主持人、记者的影响力；（3）广电媒体的品牌价值和传统影响力与公信力；（4）广电从事广告营销、电视购物等积累的产业链资源；（5）广电产业背后的政府政策、资金的支持和扶持等。

从清博大数据平台的微信、微博、抖音、头条等排行榜来看，在抖音2020年5月份月度排行榜中，已经有"直播日照""民生直通车""无锡新闻综合广播""湖北新闻""河南都市报道"等广电系的账号进入了前20强。在快手5月份月度排行榜中，"浙江卫视"和"东方卫视"分别排在第20和第25位，"新闻联播"排在第38位。这说明，广电系利用短视频、社交媒体平台进行MCN运营已经取得一定成效，存在一定的优势。

但是，广电行业与社会性商业化运营的MCN机构相比，也存在诸多固有的劣势。主要表现在：（1）广电行业长期依赖政府扶持的发展惰性；（2）广电行

---

① 艾媒大文娱产业研究中心.2020—2021中国MCN产业运行大数据监测及趋势研究报告.(2020-01-22)[2020-06-11]. https://www.iimedia.cn/c400/68403.html.

业用人体制的僵化与固化；（3）广电行业庞大运行机构的灵活性不足；（4）广电承担宣传引导等职能导致内容生产的保守等。从清博大数据工具提供的月度短视频排行榜来看，广电系的短视频头部账号，与社会性商业自媒体相比，所占比例仍然不高。

从广电行业发展MCN的外部机会和威胁来看，机会在于：（1）当前MCN产业总体正处在发展上升时期，流量变现、网红带货等存在较大获利空间；（2）传统广电产业正处在被动转型时期，新的媒体产业形态给传统广电产业提供新的机遇等。与此同时，来自外部的威胁仍然不少，主要在于：（1）早期完成MCN布局的商业性MCN机构已经占据了产业竞争的头部空间；（2）MCN产业竞争已经从"蓝海"向"红海"过渡，产业内部竞争激烈，进入门槛提高，成本、难度加大；（3）市场化MCN机构、网红个体具有较强的产业适应和竞争能力等。

从广电行业入局MCN产业的优势、劣势、机会与威胁等内外竞争因素进行综合分析来看，广电行业发展MCN仍然存在较大不确定性因素，发展的内部劣势和外部威胁带来的各种阻碍仍然很大。

第二部分

媒介文化与媒介批评

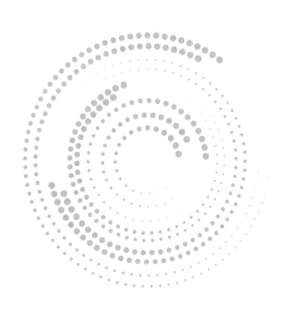

互联网巨头为何偏爱"+电影"

据媒体报道,中国富豪们继出书、卖水果、买名画、投资酒庄之后,又热衷起拍电影,特别是一些传统和移动互联网巨头更是争相"触电"。2014年福布斯中国富豪榜上,分别以195亿美元、147亿美元和144亿美元身家排在前三的马云、李彦宏、马化腾,纷纷进军电影行业。排名第八的雷军也在电影圈玩得风生水起。排名第十的刘强东,虽然还没有涉及拍摄制作,但京东在2014年已经启动了"粉丝可做偶像的出品人"的电影众筹项目,开始试水电影行业。

互联网巨头热衷投资电影绝不是为了追星方便,而是看重影视娱乐产业巨大的利润回报,以及影视产业可以分担投资风险、提升现有实业文化软实力等潜在效益,同时也可以利用互联网产业开发粉丝经济,利用大数据进行精准营销等"互联网+电影(电视)"的媒介融合便利。

影视产业是文化产业的核心产业,也是一个国家支持快速增长的行业。根据最新发布的有关报告,2004年至2013年,我国演艺和影视制作的主营收入保持较快的增长速度,2013年比2004年分别增长了25倍和14倍。近些年来,中国电影市场规模一直保持着30%左右的增长速度,已经成为全球第二大电影市场。2013年,全年电影票房收入217.69亿元,同比增长27.51%。2014年中国电影总票房更是达到296.39亿元,同比增长36.15%。全年城市影院观众达到8.3亿人次,同比增长34.52%。2013年票房过亿的国产影片达33部,2014年票房过亿的国产影片则达到36部。2015年2月中国的电影票房单月收入就达到了40.5亿元,超越美国,单月票房总量世界第一。

特别是在像《泰囧》之类以数千万投入,最后却获得数亿甚至十几亿票房收入的巨大利润刺激下,资本"贪婪"的本性必然促使互联网巨头们纷纷出手影视产业,以期分享影视产业巨大的利润蛋糕。而靠房地产起家的万达董事长王健林涉足电影行业后获得的巨大回报,更是激起了互联网巨头和其他行业的富豪们投身影视行业的热情。2015年3月份发布的2015福布斯全球富豪榜显示，王健林凭借242亿美元的财富积累已经超过马云成为中国首富。

互联网巨头热衷投资电影是互联网产业高速发展带来的溢出效应。互联网产业高速发展积累了大量资金，需要寻找投资出口。互联网产业凭借巨大资本收益和高速发展优势，必然在"互联网+"的思维下，向其他高收益、高增长产业扩张。

互联网巨头热衷投资电影，部分是因为其可以利用大数据资源实现增值变现和精准营销。在长期的互联网运营过程中，腾讯、阿里、百度、京东等互联网巨头积累了大量网络用户信息，在大数据技术的支持下，它们可以进一步开发"粉丝经济"，更加精准地开发制作影视产品。一些影视产品在生产制作过程中，不仅在编剧、演员、导演等制作人员的选择上投粉丝所好，甚至在剧情的发展和结局上也配合粉丝的情感和选择来进行精准生产。有的在影视产品的生产过程中，还利用网络与粉丝进行全程互动，甚至通过众筹方式直接向粉丝募集资金。一些获得粉丝喜爱的网络小说剧本更是成了影视改编的首选。有报道显示，网络小说已经成为国内影视界争夺的优质资源，截至2014年底，就有114部网络小说被购买影视版权。脱胎自网络小说的小成本电影《失恋33天》，更是一举拿下3.5亿元票房，改编自同名网络小说的电视剧《步步惊心》，也获得了很好的收视效果。

互联网巨头投资电影是媒介融合大势所趋。一些互联网巨头，如盛大文学、百度文学等已经积累了原创作品和创作人员的巨大资源，腾讯、阿里等则积累了巨大的用户群体，这些资源，为他们向影视和其他行业融合发展提供了生产和营销的便利。在当前媒介融合的大背景下，互联网在不断与传统媒介产业融合，影视和互联网的联姻也是媒介融合的大势所趋。

互联网巨头纷纷投资影视产业还有一个重要目的，是为企业延伸产业链、风险分散和创新发展提供机会。长期在商海搏击沉浮的互联网巨头深知，任何一个产业都有成长、衰退的周期，而鸡蛋放在一个篮子里风险更大。在影视产业快速发展，国家在税收和投资等方面对影视产业提供大力扶持的情况下，互联网企业在做好原有主业的同时，适当尝试投资发展影视产业，不仅可以促进现有产业的产业链延伸，扩大范围经济效应大有裨益，而且也可以探索出一片新的发展空间。

互联网巨头投资影视产业还可以学习借鉴影视行业的创新经验，增加企业创新意识，把握企业未来发展方向。影视产业本身就是一个创意产业，创新意识较强。比如阿里创始人马云认为，企业在娱乐行业的发展，使其能够掌握年轻人的未来，掌握未来的趋势。可见，一些互联网巨头投资影视产业也是在为现有企业的发展探索新的增长点。

此外，投资影视产业还具有提升品牌形象等潜在价值。就像发展文化产业可以提升国家文化软实力一样，发展影视产业对于提升现有企业的品牌形象具有潜在价值。互联网巨头不仅能够通过举办影视推广活动和影视艺人代言等方式直接宣传现有企业的品牌产品，还可通过广告植入等潜在方式来传播企业价值理念、推销品牌产品，从而更加便利巧妙地利用线上线下产品，提升企业软实力和品牌的知名度与美誉度。

《战狼2》的示范效应

由吴京自导自演的国产军事动作片《战狼2》上映仅12天，就刷新了由周星驰导演的《美人鱼》在2016年创下的33.9亿元的内地票房纪录，成为中国电影史上的票房冠军。在2017年8月10日的单日票房榜上，《战狼2》的票房遥遥领先于同日上映的《三生三世十里桃花》《建军大业》《血战湘江》等影片，占据当日总票房82.79%的份额。票房总量是《三生三世十里桃花》的11倍，是《建军大业》的20倍，票房份额比《三生三世十里桃花》高出75个百分点，比《建军大业》高出79个百分点。

除了票房量，网上一些数据也能反映出《战狼2》的成功、火爆与受观众欢迎之处。从可以检索到的微信公众号文章总量来看，有关《战狼2》的微信公众号文章多达25035篇。而有关《美人鱼》的文章只有8232篇。有关《三生三世十里桃花》的文章虽然有29629篇，从文章总量上看超过25035篇的《战狼2》，但是，考虑到《三生三世十里桃花》是一个热门网络文学作品，出版过畅销图书，又制作过同名电视剧，且《战狼2》仅仅上映一周，而《三生三世十里桃花》网剧已经热了半年多，同名网络小说和图书则火了数年，从单位时间的文章数量看，《战狼2》在微信公众号中的火热程度实际远超过单纯作为影片的《三生三世十里桃花》。有关《建军大业》的微信公众号文章有26558篇，略超过《战狼2》。这与《建军大业》前期官方媒体宣传较多，以及影片名称直接挂钩主旋律有很大关系。

再从反映网民搜索、关注热度的百度指数来看。2017年8月2日至8月8日，《战狼2》整体指数和移动指数分别为1582247和1253415；《三生三世十里桃花》整体指数和移动指数分别为335677和270695；《建军大业》整体指数和移动指数分别为105712和81159。从这一周整体指数来看，《战狼2》是《三生三世十里桃花》的4.7倍，《建军大业》的15倍。从这一周移动指数来看，《战狼 2》是《三生三世十里桃花》的 4.6 倍,《建军大业》的 15 倍。从单日搜索指数来看,8 月 6 日(周日)《战狼 2》的搜索指数达到 1900257 最高点,当日《三生三世十里桃花》的指数为 318280 点,《建军大业》只有 89480 点。《战狼 2》当日搜索指数是《三生三世十里桃花》的 6 倍,《建军大业》的 21 倍。

通过清博舆情分析平台对《战狼 2》进行数据分析可以看出,截至 2017 年 8 月 11 日,该平台检测到与《战狼 2》直接有关的数据有 50190 条,其中微信 15586 条,微博 8724 条,网页 17761 条,报刊 319 条,论坛 5944 条,今日头条 925 条等。对这些数据内容进行分析发现,情感属性是正面和中性评价超过 85%,其中正面评价为 50.63%,中性评价为 34.28%,负面评价为 15.09%。发布文章的热门地区集中在北京、广东、上海和浙江等地。同一软件平台能够检测到的《三生三世十里桃花》数据只有 17569 条,大约是《战狼 2》的 1/3。对有关《三生三世十里桃花》的内容进行情感分析可以发现,其正面评价为 49.58%,低于《战狼 2》1 个百分点,负面评价为 18.57%,高于《战狼 2》3 个百分点。

《战狼 2》的火爆与成功,对于如何讲好中国故事,凝聚国民精神,宣传中国形象,都是一个难得的范例。一部看似普通的以打斗和枪战为主的影片中融入了民族精神、英雄情结、负责任的大国形象、中非友谊、军人的勇敢和职责等众多元素,而且,这些反映国家、民族和军人形象的元素并不是通过抽象生硬的说教来传达的,而是以大家喜闻乐见、易于接受,也是以富有感染力的讲故事的方式表达的。这既符合了国家增强民族凝聚力,塑造良好国家形象,讲好中国故事,增加国家软实力等战略需要,也契合了社会民众渴望民族强大、国家富强等诸多心理需求。

《战狼 2》不仅讲好了中国故事,而且获得了广泛的认同,取得了很多效果。就对外传播来说,《战狼 2》对于那些依靠通过表现中国落后与病态来谄媚外国人、吸引国际眼球的做法,起到了一个难得的警示和反思作用。就对内传播而言,《战狼 2》对于国民精神的凝聚效果,比起那些简单分析政治意图、连自己都无法感动的影片不知要好多少倍。

《战狼 2》的火爆与成功,对于疲软的中国电影来说也是一针"清醒剂"和"强心剂"。中国电影的发展绝不能依靠几个"小鲜肉"的作秀和那些"病态"的粉丝来支撑,也不能依靠粗制滥造、只顾炒作圈钱、不对电影事业负责和观众负责的作品来支撑。由于中国人口基数大,市场空间大,再加上网民数量多和网络视频普及率高，电影在影片票房和视频收费、广告植入、品牌宣传等方面，都存在巨大的获利空间。因此，一些小制作的影片只要在"小鲜肉"演员和影片炒作推广上舍得投入，再有一个在网络上能够赢得少男少女们泪点和痛点的网络小说作为支撑，赚个钵满盆满是没有悬念的。但是，这样的电影永远难以走出国门，更遑论支撑起中国电影产业。

内容与形式、理念与娱乐的良好结合，使得《战狼2》不仅成为中国电影票房的标杆，也成为中国电影人做好中国电影、讲好中国故事的标杆。

政府网站谨防新闻媒体化

2018 年 8 月 6 日，国务院办公厅发布了第二季度全国政府网站抽查情况的通报。结果显示，"僵尸""睡眠"等现象明显减少，总体抽查合格率达 85%。抽查发现，77.7% 的问题网站集中在县级以下。其中，个别基层网站仍存在严重问题，有的网站超过 6 年未更新。

近年来，随着网上信息公开和电子政务等网上政府工作的深入和加快，政府网站建设已基本实现了中央、省市、区县及其相关部门的全面开花，甚至一些乡镇、街道部门、行政村都建起了网站。相当一些政府机关部门还在政府网站建设的基础上，纷纷开办了微博、微信公众号和客户端。伴随着网站、微博、微信公众号和客户端的纷纷运行，行政投入大幅增加，政府部门俨然在运营着一个庞大的媒介机构。如此，政府网站运营很容易步入媒体化发展的老路。

与当前政府机关不惜花费大量人力、物力，大力兴办政府网站和官办"两微一端"的热情不相称的是，广大群众百姓对政府网站，包括"两微一端"的使用效率和满意度并不高。其中很大原因就在于很多政府网站和"两微一端"的运营维护出现了新闻媒体化的倾向。

一些政府网站在运营中为了保持网上信息每日更新，但是只注重信息更新的数量，不注重信息更新的质量，也不考虑更新的信息是不是普通百姓需要的。一些政府网站大量复制发布当地报纸、新闻网站等媒体发布的信息，使得政府网站成了当地报纸、新闻网站的网络版。而一些政府网站为了宣传政府政绩，取得当地领导的赏识和支持，乐此不疲地宣传报道当地领导的日常活动，使政府网站成了领导外出考察、出席会议、发表讲话的网上博客。有的上级政府网站为了保证有足够的信息支撑网站各个子网页和栏目的信息内容，并保持一定的更新频率，还要求下级政府和部门为其提供内容并将其纳入绩效考核。而这些下级政府、部门报送的信息同样以政绩宣传类信息居多。笔者曾经在一家省级政府网站工作多年，发现基层报送的信息 80% 以上是群众不关心的政绩宣传类内容。

政府网站及"两微一端"，本来是通过数字化手段公开政府信息、提供网上办事服务、强化政府与百姓联系的工具。

事实上，除了提供信息公开外，政府网上服务还有两个很重要的功能，即网上办事和网上互动交流，也就是能让普通百姓足不出户，通过网络手段就能够实现申报、审批和咨询、投诉等电子政务功能。虽然信息公开也是政府网上服务的三大功能之一，但是，政府网站和"两微一端"公开的信息应该是政府行政活动产生的信息，主要是那些涉及百姓利益、百姓关心的信息。

现在，为数众多的由政府创办的报纸、期刊和广播电视机构，考虑到运营成本和媒体发展规律等现实问题，已经逐渐实现市场化运营，政府部门只承担监管责任。目前，一些政府部门大力建设政府网站及"两微一端"，这些政府部门应该进一步明确自己的职能和发展定位，谨防偏离自身的职能、职责和方向，使得政府网站和"两微一端"成为新闻宣传工具，步入政府重复兴办新闻媒体的老路。同时，政府网站和"两微一端"建设还应考虑成本、实效和发展的边界问题，该由社会运营的交给社会，该由媒体运营的交给媒体，而不应一手包办。

如果政府花费大量人力物力，最终把部分政府网站和政府运营的"两微一端"办成新闻媒体或者宣传工具，其不仅与现有的新闻媒体格局重复，而且运营水平还不如新闻媒体专业高效。更为严重的是，部分政府网站这样做还会"种了人家的田，荒了自己的地"。事实上，政府在数字化信息化服务与沟通方面，特别是在农村偏远地区遇到洪水、地震等突发灾难，出现断网、断电等特殊情况下，如何借助应急设施为群众提供有效的预警和服务，还有很多工作要做。而这些其他机构无法也无力提供的服务才是政府职能所在。不能因为做网上服务与沟通难，做简单信息发布易，就采取偷懒的办法。

此外，政府网上服务建设还应考虑基层实际情况，不能一味贪多求全、过度布点，一些机构小、职能少、信息和服务少、人手紧缺的单位没必要一刀切都开办政府网站甚至"两微一端"。

政府网站的信息更新数量和频率并不是考核网站价值的主要标准，有效、有用才是群众关心的重点。

慈善信息透明要借力微传播

中华民族有着慈善的传统。慈善信息公开不及时，透明度不高，会对慈善组织和慈善工作的发展造成障碍。在当前微博、微信等微传播工具逐渐成为人们接受信息的新平台的情况下，一些慈善组织的信息发布工作仍然习惯于通过纸媒、网站等传统平台，信息公开工作严重滞后于新媒体、新技术的发展，跟不上公众的知情需求，主要表现在以下几个方面。

重视不足，缺少前瞻性和主动性。在微博、微信快速发展的环境下，我国慈善组织的信息公开工作没有充分利用微传播的优势与便利，缺乏利用新型传播手段的前瞻性和主动性，使得慈善组织的信息公开工作严重滞后于受众的信息分享习惯和需求。

有关机构公布的《2014 年度中国慈善透明报告》显示，只有 28% 的公众对中国公益慈善组织在 2014 年度的信息披露工作感到比较满意。在 2011 年公众对公益慈善组织的信息公开状况表示满意的甚至不足 10%。[①]出现这种情况的原因，与慈善机构对公众慈善信息知情权需求重视不足，慈善信息发布工作没有及时有效对接新媒体技术发展，没有及时把握用户对微博、微信等新型传播工具的使用习惯变化有很大关系。

数量较少，无序发展，传播力、影响力较低。当前（指 2014 年）慈善机构通过微信、微博等进行信息公开的数量极少。通过微信搜索发现，目前国内微信公众号中带有慈善字段的只有数百家，其中尚有相当一部分是个人开通的公众号。新浪微博中经过认证，昵称中带有慈善字样的微博账号也只有数百家，其中个人认证的慈善微博号同样占有较大比例。与当前微博、微信用户数量众

---

① 舒迪.《2014 年度中国慈善透明报告》显示：公众对慈善透明满意度在提高. (2014-09-23)
[2025-01-08]. https://www.rmzxw.com.cn/sy/csgy/2014/09/23/383152.shtml.

多，一些组织机构纷纷开通微博、微信公众号发挥微传播传递信息、沟通民情的热情相比，慈善机构的微信公众号和微博认证号数量却相对稀少，这也在一定程度上反映了当前慈善机构利用微信和微博等新的传播工具服务公众的动力不足。

慈善机构的微传播工具发展一度处在无序、自发状态。慈善组织是否开通微博、微信账号，开通后如何运营，发布信息的频率，乃至是否发布等完全取决于慈善机构的自觉性和发布人员兴趣，有关慈善管理机构缺少超前规划和规范。一些慈善机构虽然开通了微博、微信账号，但是缺少主动运营和维护意识与动力，微博、微信的信息传播力、影响力较低，有的甚至成为僵尸号。从笔者监测的200多个慈善机构微信公众号来看，有的长期不更新信息，有的虽然更新信息，但平均阅读量、点赞数较低，平均阅读量最高的是1000次，平均点赞数是10次。

慈善微博认证号同样存在影响力、传播力低下问题，主要表现为微博认证号粉丝数量、发布信息数量较少，转发率、点评率较低。从笔者监测到的慈善微博认证号来看，即使排在影响力前10位的账号，每天发布信息的数量一般也在10条以内，平均数量在5条，转发数大多在10条，评论数基本不超过10条。相当一部分慈善微博认证号发布信息数、转发数和点评数为零。

缺少专业运营，信息公开有数量欠质量。由于慈善机构缺少微信、微博的专业运营管理人员，加之对用户慈善信息需求缺少研究，其发布的微信、微博信息虽然有数量，但是缺乏质量。相当数量的慈善信息并不是公众关心和需要的。一些慈善信息与慈善资金的使用等公众关心的核心信息毫无关系，而是一些慈善宣传和慈善知识普及性信息。这些信息无一涉及慈善资金使用等关键信息，有的仅属于慈善新闻宣传，有的甚至与慈善无关。

缺少信息保护意识，容易对慈善救助对象造成不必要的伤害。由于缺少专业的微传播和慈善信息运营以及对于慈善信息发布的审核和规范机制，一些慈善机构的微博、微信账号不仅发布的信息质量较低，而且有的还因为信息公开不当，对于一些慈善救助对象，特别是一些残疾、儿童和边远贫困地区的人造成不必要的伤害。有些被救助对象，虽然对于慈善机构公开他们的照片和其他个人信息的行为并没有明确反对，但是，很多被救助对象出于种种原因，并不了解这些信息公开将来对他们可能产生的影响，不当的信息公开很容易对一些未成年人的健康成长造成巨大的心理压力。

缺少正确的慈善文化观，慈善信息公开背离了慈善的本意。通过观察一些微博、微信等微传播工具发布的慈善信息还发现，一些慈善信息缺少正确的慈善文化观，有时为了突出慈善者的大恩大德，往往不顾被捐助者的感受和尊严，使得一些慈善捐助活动，变成了慈善捐助者的"加冕仪式"和被捐助者对捐助者的感恩活动。有的为了增强宣传效果，甚至对慈善活动尽可能地人为放大。在这种不正常的慈善文化影响下，慈善活动变成了不顾被捐助者隐私、尊严和感受的"比惨"活动。这种慈善信息严重背离了慈善文化的本意，甚至使一些美好的慈善捐助活动，变成了广受诟病的"暴力慈善"。

在移动互联网快速发展，特别是手机网民快速增加的情况下，我国使用微博、微信等社交媒体的用户大量增加。在这种情况下，慈善组织的信息发布工具就不能仅仅停留在传统纸质媒体和互联网层面，而是要随着网民使用习惯的转变，向移动互联网，特别是微博、微信等新型社交传播工具借力。可以通过增设微博、微信公众号，建立微传播发言人制度和信息发布与审核制度等方式，提高利用微博、微信等新媒体公开慈善信息的能力。与此同时，还要加强对微博、微信等微传播信息发布工具的监督、管理和维护。只有这样才能起到更好的信息公开效果，促进慈善事业健康高效发展。

发挥好中国新闻奖的示范引导作用

在第二十个记者节前夕，作为全国新闻作品最高奖的第二十九届中国新闻奖评选结果揭晓，346件新闻作品获奖。这既是给记者节献上的一份厚礼，也是给全国广大新闻工作者唱响主旋律、做好舆论宣传工作树立起的又一个标杆。从获奖作品内容、形式和类别来看，第二十九届中国新闻奖获奖作品呈现唱响主旋律、讲好中国故事、凸显深度融合和深入基层、扎根人民的特点。

主旋律高昂，正能量饱满。获奖作品充分体现了中国新闻奖在唱响主旋律、传播正能量、做好重大主题宣传、营造良好舆论氛围中的示范引领作用。2018年是我国改革开放40周年，获奖作品题目中直接带有"改革"的有20篇，直接带有"改革开放"的有15篇，直接带有"改革开放40周年"的有7篇，充分发挥了新闻报道围绕重大主题宣传发挥议程设置和舆论引导的作用。获得特等奖的5篇作品中，有4篇作品均直接和改革开放40周年重大成就宣传有关。这反映了获奖作品围绕党和国家中心工作做好新闻宣传的唱响主旋律意识和新闻奖评选的导向意识。

讲好中国故事，国际传播水平不断提升。随着对增强国际话语权的重视，党和国家对新闻工作者的"讲好中国故事，传播好中国声音"的能力和水平有了新的要求。在中国新闻奖中大幅增加对外传播的新闻作品获奖比例，同时也推选出一批有代表性、创新性的获奖作品，体现了新闻工作者对外传播能力的提升。获奖的346篇作品中，国际新闻类作品有41篇，占到获奖总数的12%。一些获奖作品能够结合国外受众的接受习惯和方式，具有较好的对外传播水平。如中国日报社报送的文字系列报道"40 Years On"（"40年40人"），选取了联合国前秘书长潘基文、美国前驻华大使骆家辉、美国著名电视制片人靳羽西等具有国际影响力的政界、学界、商界等知名人士，通过其切身经历和体会讲述中国改革开放以来的变化和对国际社会的影响。由于采用了国际社会熟悉的人物，能够产生较好的对外传播效果。《西城洋大爷（短视频新闻）》《思念的幸福（新闻摄影）》《笑脸（短视频新闻）》《医道无界（电视专题）》等则改变了以往国际传播中不顾外国人喜好、简单灌输的形式，而是选取国外人普遍关注的元素，体现了讲好中国故事的水平。

网络与新媒体特色凸显，媒介深度融合创新成效初显。获奖作品中，网络与新媒体类作品种类众多，包括移动直播、新媒体品牌栏目、新媒体创意互动、新媒体报道界面、网页设计、网络专题、网络评论、网络访谈、融合创新、短视频新闻等多种形式，数量达到 75 项，占到获奖总数的 22%。体现了当前党和国家对打造新型主流媒体，推进媒体全员、全息、全效、全程深度融合的要求。一些获奖的新媒体作品，如《"中国一分钟"系列微视频》《幸福照相馆》《躁子书记》等，不仅采取了年轻人喜闻乐见的形式，有很强的创新意识，也取得了较好的传播效果。短视频《鼓岭！鼓岭！》在回忆场景再现上，运用了新颖的沙画形式，而不是传统的动画模拟或者拍摄模拟来再现场景。《ofo迷途》《幸福照相馆》《改革开放 40 年·长沙有多"长"》《苗寨"十八"变》等则采取了新颖的 H5 形式，完全颠覆了传统的新闻宣传模式。这些新的媒体形式和媒体技术手段的运用，彻底改变了传统媒体相对单一固化的宣传形式，符合了年轻化、移动化的受众接受习惯。

体现了新闻工作者脚下有泥、心中有情的责任担当。《藏北牧民南迁记》《何日"凤还巢"？》《十八洞村这五年》《一片叶子的扶贫故事》《南粤水灾》《请放野生动物一条生路》《海拔四千米之上》《思念的幸福（新闻摄影）》《"大众调查·聚焦难点痛点堵点" 17 路记者暗访 17 市政务中心》等不仅体现了记者深入基层的脚力，而且采取了百姓的视角关注社会问题，表达了记者关心社会民生、关爱基层百姓的情怀。

当然，作为一个每年从全国堪称海量的新闻作品中"海"选数百篇优秀作品的新闻奖评选，其评选难度可想而知，评选中也很难保证不出任何问题。除了每年都会出现一些新闻单位为了获奖而在时间、细节和版面、节目形式等方面造假外，如何处理新闻评奖的公正性和代表性，也是一个值得关注的问题。

通过对第二十九届中国新闻奖的获奖单位统计分析发现，获奖省（区、市）就存在明显的贫富分化现象。除了中央一级新闻单位获得 129 个奖项外，其余 217 个奖项，江苏、浙江、湖南、上海、湖北、新疆（包括生产建设兵团）、山东、福建等 8 个获奖 10 项以上的获奖大户就获得了 107 项，占全国各省（区、市）获奖数量的一半，而甘肃、河南、天津、海南、内蒙古、宁夏、山西等7个省（区、市），分别只拿到了2或3项奖，加起来不足江苏、浙江等一个省的获奖数。这种不均现象，不利于发挥舆论宣传引导全国一盘棋的作用，也不利于调动那些大多处于西部边远省区新闻工作者的积极性。

在新闻论文的评选上，获奖的20篇新闻论文中，有8篇出自《新闻战线》一家刊物。获奖论文的作者不少都是媒体编委以上的领导，鲜见学界人士，作为新闻传播学研究重要力量的高校新闻传播学者的智力作用没有被充分发挥。这说明新闻奖作品的评选机制和评选作品的代表性还有待优化。

如何增加中国新闻奖评选的公平性、代表性，更好地发挥新闻奖的示范引导作用，把一些真正优秀的新闻作品评选出来，把更多的新闻工作者积极性、主动性调动起来，恐怕也要考验评选规则制定者和评委们的脚力、眼力和脑力了。

重启服务：媒体是否忘记了出发时的路

如果你出生于 20 世纪六七十年代，又在传统媒体工作过，那么你对传统媒体坐着"过山车"一般的发展历程一定有着深刻的体会。作为一个对传统媒体有着特殊情感，曾经在传统媒体工作过，也曾长期关注过传统媒体发展命运的人，我对于传统媒体转型的话题，心情也是五味杂陈。

想想昔日奋进的荣耀与辉煌，回顾近年转型的慌乱与彷徨，曾经有一次次机会真诚地摆在我们面前，而且我们也曾经珍惜过，经历过，奋斗过，但是我们还是一次次错过了。

当人们还不知道快递会成为今天人们生活购物所必需时，其实在 20 年前，很多城市的报社就已经建立了每天凌晨就把报纸和牛奶送到千家万户的"快递"网，但是，当一些民营的快递公司已经发展成为年利润数十亿的上市公司时，传统媒体当年值得自豪的"快递"网却消失了。

当互联网产业开始兴起，拥有着专业采编团队和优质内容资源的传统媒体，也开始了几乎免费将内容搬上互联网的网络化运营历程，但是，当腾讯等仅靠几个年轻人创办的网络公司已经发展成年利润上千亿的集团时，传统媒体的转型才刚刚开始。

传统媒体依托广告和信息传播资源便利，在 20 世纪八九十年代起就先后创办过邮寄购物，尝试过电话营销、送报人员上门营销，在互联网时代一些传统媒体也曾搭建过网络购物平台；但异军突起的网络购物平台仍然是淘宝、京东、苏宁、当当、拼多多等"后起之秀"。

当移动新媒体兴起，曾经满怀豪情开发各种 App、客户端，一厢情愿开设各种公众账号的也是传统媒体，但是当新媒体的蛋糕已经做大之后，分享喜悦的仍然不是传统媒体。

如今，媒体正在深度融合，一些媒体开始着手开发"新闻＋政务＋服务"模式，期望通过拓展服务领域来实现传统媒体复兴之路的愿望。这能否顺利实现？这种重启"服务键"能否给传统媒体带来新的动力？恐怕未必简单。

"媒体+政务服务"真的是我们转型的方向吗？

不论是"新闻+政务+服务"，还是"报+网+端+微"，抑或是打造助力"智慧政府"，打造媒体"政务云"等，擅长宣传总结一向是专业媒体的强项。依托政府机构，获取政府政策、资金支持，也是传统媒体较长时期赖以生存发展的传统。况且，新闻事业也是党和政府整个事业中的重要组成部分，为政府和群众提供服务，并获取政府支持，也是情理之中的事情。但是，专业媒体争相发力政务服务，或者把拓展政务服务作为其转型升级，甚至是当作摆脱当前新媒体环境下发展乏力的主攻方向和摆脱经营发展困境的突围方向，显然并不妥当。甚至很可能出现"种了别人的田，荒了自己的地"，错失发展时机，变得更加被动的情况。

媒体的职能不是无限的。世间万物各有其责，各有其用，但"天地无全功，圣人无全能，万物无全用""适者生存，优胜劣汰"。这些都是事物存在的基本法则。媒体也概莫能外。新闻媒体的主要职责是传递信息，是上情下达。下情上达是反映舆论、引导舆论。在特殊的历史时期和特殊的环境下，党的新闻媒体还起到了列宁所说的"报纸不仅是集体的宣传员和集体的鼓动员，而且是集体的组织者"的作用，甚至起到建设早期革命组织的"脚手架"作用。[①] 在我国红色革命时期，一些报刊社、书店也曾起到联络站和交通站的作用。但是媒体的最基本职能在大多数社会条件下，仍然是传播信息，沟通民意。

围绕这些基本职能，一些新闻媒体在正常的新闻报道以外还开辟了读者来信、服务热线、监督投诉等群众工作职能和内部舆情信息上报的"内参"工作职能。这些职能都是与媒体的"耳目喉舌"功能密切相关的。虽然后来在媒体职能拓展上，又增加了提供娱乐和刊登广告等文化娱乐和商业信息服务职能，但是，这些职能仍然是围绕媒体传递信息、传播知识、沟通有无等核心职能展开的。毕竟提供文化娱乐信息服务，与直接投资开发KTV、游乐场，并非属于同一行业。刊登房地产、汽车广告与直接开发房地产和投资汽车生产线等，对于专业技能和核心竞争力的要求也并不相同。

如果媒体过度拓展自己的职能，肆意拓展自己的职业范围，势必会降低自

---

① 郑超然，程曼丽，王泰玄.外国新闻传播史.北京：中国人民大学出版社，2000：218.

已的核心优势，误入别的行业留下的"陷阱"。

国家已经建立了较完善的政务服务体系。我国政府部门推进网上政务信息和网上办事服务工作已经有20多年历程。早在1998年初，青岛市就正式开通了被称为"我国第一个严格意义上的政府网站"的"青岛政务信息公众网"，同年7月北京市政府"首都之窗"政府网站开通，并开设了网上"市长信箱"，成为"我国第一个大规模'政府网'"。其经过1998年底政府信息部门开始大力推进的"政府上网工程"。经过20多年发展，目前全国已经建成从中央人民政府，到省、市、县及各级政府部门网站2万余家，最多时期曾经达到8万余家。

在传统新闻媒体为自身转型找方向或者还停留在传统媒体兴旺时期带来的红利惯性之中时，政府部门已经建立起自己的从政府信息公开、网上办事到政民互动交流的相对完备的电子政务服务体系。政府部门在推进政务服务体系、建设服务政府过程中，投入了大量人力物力，不仅建立了各级政府网站，设立了12345、12333、12315等服务热线，而且从国务院办公厅到省市县政府都设立了电子政务、信息公开等专门机构。除了通过政府网站群整合各级政府部门网上信息公开、办事服务和互动交流事项，很多省、市、县及各级政府还建立了方便群众"一站式"办事服务的政务服务中心。这些政府部门牵头设立的线上线下政务服务机构，在机构、人力、物力上都受到政府部门的专门保障。不仅如此，中央政府网、国家网信部门等有关机构，每年都还会组织一定形式的政府网站信息公开、网上办事等服务能力测评工作，一方面表彰先进，发挥示范作用，另一方面查找问题不足，以此促进网上服务能力的提升。

除了传统政府网站建设，近些年随着新媒体发展，政府网上服务工作也不断拓展到手机等移动设备，开设了小程序、微信公众号，以及移动客户端等移动服务工具。

可以说，在目前很多专业媒体还带着几分投机心理，想从政务服务中"分一杯羹"时，政府部门早已经经过20多年的励精图治，建立起完善的政务服务网。专业媒体能做的无非是整合链接人家的网上办事事项，为政府网站做一些"锦上添花"的事。

专业媒体拓展政务服务，很可能是赶了晚集。政务服务顾名思义是政府提供的服务，包括政府信息公开，网上办事和政务投诉建议等互动交流三大类。不论是政府信息、办事还是互动服务，都需要政府部门参加，都需要专门的政府机构，往往是政府办公厅（室）负责协调才能落实实施。专业媒体想在政务服务上有所作为，凭借媒体自身力量几乎无法完成，即便依靠党委机关推行，毕竟具体办事服务的机构还是政府部门，而且经过20多年建设，政府网站和政务服务中心已经形成了自己的办事服务体系。从某种程度上说，专业媒体所能做的不是"炒冷饭"就是"为他人做嫁衣"。

不光是做政务服务，就是做市民生活服务，专业媒体也已经错失良机。按理说，媒体做政务服务因为没有政务资源，也没有政务协调能力，不是自己的强项，那么，媒体做日常生活服务总是可以的吧。其实，这种想法如果早十年或二十年，凭借媒体的社会影响力和经济实力，完全可以打出一片天地。但是，十年或二十年前，专业媒体面对商业媒体和商业服务机构敏锐的市场竞争力和顽强的创业执行力，还沉浸在自己是主流媒体和背靠政府支持的喜悦中，没有真心投入与这些商业机构竞争中。

如今网上购物有了淘宝、京东，出门打车有了滴滴出行，网上订餐有了大众点评和美团，住宿酒店有了艺龙、同程，连一度依赖房地产广告作为重要收入来源的房地产信息服务，也被房天下、365网站等商业机构拿走了。所有这些专业媒体曾经有实力、有优势的网上服务项目都已经被专业商业机构占据了先机。甚至专业媒体想做的这些市民生活服务的平台整合，也已经被支付宝捷足先登了。专业媒体能想到的日常生活服务，如订票、订酒店、打车、水电气缴费，甚至公积金查询等，支付宝都能够完成。专业媒体再一次"来晚了"。

为什么我们忽然"热衷"服务了？

近年来一些专业媒体不顾自身媒体属性，不顾自己出发时的"初心"，甚至忘记自己因何而生，因何而存在，忽然热衷于那些本不该属于自己的事务。这种忘记本来、不顾未来的做法，其可行性和内在动机，非常值得探究和质疑。

我本人也曾经在一些媒体融合经验介绍性质的会议上，听过有关主管人员介绍过类似"媒体+政务+服务"模式的经验。作为一个在省级政府网站从事过多年政务服务的人，我对媒体机构这种所谓经验的可行性和合理性就很不认同。

至于一些媒体机构之所以热衷于政务服务，其中很大原因就是在与商业媒体的竞争中，在新媒体的发展形势中，发现自身已经落伍了。自身的市场化能力已经无法适应市场化竞争需要，随时都面临着关系自身人员福利和生存发展的柴米油盐之忧。从而，媒体再次寄希望于通过加强和政府部门的密切关系，获取政府部门的同情和支持。

毕竟，这些年来，传统专业媒体尽管一直在自身核心职能以外的领域开疆扩土，"边缘突破"性地尝试一些并不熟悉的领域，但仍然没有改变自身的发展危机。以报纸为例，全国出版报纸总数已经从 2002 年的 2137 种，367.83 亿份总印数，1067.38 亿总印张，降到了 2019 年的 1851 种，317.59 亿份总印数，796.51 亿总印张。其中有新媒体冲击的原因，也不乏自身没有把读者和市场放在第一位、经营不力的原因。

我们只需要想清楚以下几个问题，就可以弄清我们现在一些专业媒体不顾自身主业、热衷于政务服务的真实动机。

其一，难道媒体不是为服务而生的吗？报纸之所以存在是因为它能够给用户提供信息服务。不管是古代专门为了地方官员传递京都信息的邸报，专门为市民百姓提供官场信息的小报，还是近代专门提供商业信息的"船头货价纸"的商业报纸等，都是因为能够提供信息服务。可以说，无服务不生存，服务是专业媒体的本职工作。忽然热衷于提供服务只能说明以往没有做好服务工作。

其二，难道这些年我们没有服务吗？我们很多媒体这些年确实没有踏踏实实做好服务工作。看看一些报纸这些年还有多少会报道读者关心的新闻，看看这些年还有多少报纸心里还装着读者。其实，很多时候不是读者抛弃了报纸，而是报纸抛弃了读者。不是市场冷漠了报纸，而是报纸远离了市场。不光是报纸，很多广电、媒体网站等官方机构创办的媒体，都忘记了服务的初衷和初心。

我们还有服务可做吗？要说还有，一些市场化商业机构留下的细分市场或许还能够分一杯羹。但是，由于专业媒体竞争机制的落后，即使能发现某一片蓝海，其最终还是会被市场化的商业机构抢走。专业媒体能做的就是为读者提供读者真正关心、非专业性媒体机构难以提供的信息服务，包括对读者诉求的反映，对政府服务不完善的舆论监督，等等。

目前在政府网站提供政务服务之外，做得比较好的一个案例是人民网的地方政府留言板。这个留言板专门为全国各地读者提供投诉监督当地政府的"吐槽"信息，并利用专业媒体的舆论影响力来给各级地方政府解决网民投诉问题提供舆论压力。虽然各级政府网站都设有省长、市长、县长信箱，但是，这些信箱信息一般都不公开；人民网虽然也有过滤审查机制，但很多信息基本予以公开。这就发挥了专业媒体舆论影响的特长，弥补了政府网站的不足。这样集合自身特长、弥补他人不足的服务，才真正具有生命力。

做好信息和诉求服务，既是不忘初心，也是职业操守。

利用新媒体技术手段，做好政务、商务和生活服务，是媒体在做好核心本职工作需求以外的服务职能拓展。绝不能放弃基本的信息、诉求服务和市场化竞争的需要，去转型做政务服务，更不能把提供政务服务当成换取政策资金扶持、投机取巧的捷径。这种做法不仅行不通，走不远，而且本身就违背新闻职业伦理要求。

我国的《中国新闻工作者职业道德准则》第一条就是"全心全意为人民服务"，这个"人民"也可以理解为是我们的广大读者。如果一个媒体不能做到及时传播信息，不能满足读者的信息需求，不能"保障人民群众的知情权、参与权、表达权、监督权"，不能"把人民群众作为报道主体、服务对象"，不能把笔头、镜头对准基层群众和平凡百姓，不敢"反映人民群众的正确意见和呼声""回应人民群众的关切和期待""批评侵害人民利益的现象和行为"，不敢"维护人民群众的正当权益"，没有读者百姓情怀，我们的媒体不但失职失责，还缺少职业伦理道德，也就是老百姓说的"缺德"。

如果我们的媒体不能做到这些来自本职要求，而去奢谈拓展其他服务，只会是"种了别人的田，荒了自己的地"，甚至是邯郸学步，误人害己。想想这些年，网购、快递、短视频、直播带货、网络游戏、房地产、金融投资、艺术品收藏等，凡是热门的行业，我们都想抓住。然而这些年我们抓住了多少，我们又失去了什么？想想这些，就知道我们究竟该做什么了。

我是谁？我从哪里来？我往哪里去？这些最基本的问题不光是困扰人类的问题，也是媒体发展值得思考的问题。不要因为我们已经走得太远了，而忘记了我们出发的方向和原因。不忘初心，方得始终。唯有不忘本来，才能赢得未来。

欲说经营好困惑：主流媒体盈利模式待"破圈"

　　新媒体"做大"了，但是如何赚钱成了问题。按照 2018 年 9 月，中宣部在浙江湖州召开的县级融媒体中心建设现场推进会的部署要求，2018 年先行启动 600 个县级融媒体中心建设，到 2020 年底要基本实现全国县级融媒体中心建设的全覆盖。①根据民政部全国行政区划统计数据，截至 2019 年 12 月，全国共有县级行政区划单位 2800 多个，加上省级行政区划单位 34 个，地级行政区划单位 333 个，全国省、地、县级行政区划单位超过 3200 个。如果这些行政区划单位均建立融媒体中心，全国官方融媒体中心总量将超过 3000 家。这些融媒体机构少则创办一个新媒体网站，多则网站、微博、微信、客户端、头条号、抖音号、快手号、B 站、小红书等多点齐发，形成一个数量可观的新媒体矩阵，规模俨然令专业 MCN 机构兴叹。虽然这些融媒体机构创办的新媒体数量没有一个准确统计，但总量绝不是一个小数字。

　　中国互联网络信息中心 2021 年 2 月发布的第 47 次《中国互联网络发展状况统计报告》显示，截至 2020 年 12 月，各级政府开通经过认证的政务微博超过 14 万个，开通头条号 8 万多个，开通政务抖音号近 3 万个。仅河南省就开办了 1 万多个政务微博，山东省开通的头条号和抖音号加起来也接近 1 万个。此外，从国务院到地方各级政府还开通了政府网站超过 1.4 万个。②

　　虽然直接由政府部门开办运营，主要承担信息公开和政务服务职能的政府网站和新闻发布账号不承担盈利职能，但是数量庞大的由各地报纸、广播、电视整合的融媒体中心，以及由各大媒体集团开办的新媒体账号和平台，在传播

---

① 岳德亮. 县级融媒体中心建设全面启动 . (2018-09-21)[2024-11-20]. http://www.xinhuanet.com/
politics/2018-09/21/c_1123466267.htm.

② 中国政府网. CNNIC 发布第 47 次《中国互联网络发展状况统计报告》. (2021-02-03)[2024-11-
20]. https://www.gov.cn/xinwen/2021/02/03/content_5584518.htm.

好主流声音，承担好社会责任的同时，具有实现良性发展、完成一定经济效益目标的职能。但是，这些新媒体要想找到一个符合媒体经营规律、适合自身发展的盈利模式，并不是一个简单的问题。

一、主流与非主流，关键看影响力、竞争力

早在 2014 年，习近平总书记就在主持召开中央全面深化改革领导小组第四次会议时强调，要"推动传统媒体和新兴媒体在内容、渠道、平台、经营、管理等方面的深度融合，着力打造一批形态多样、手段先进、具有竞争力的新型主流媒体"[①]，明确提出了建设新型主流媒体的要求。但是，什么是主流媒体，什么是新型主流媒体或者是主流新媒体，学界和业界却并没有一个明确的认识。通常认为，党委和政府主办的"官方"媒体才是主流媒体，而社会组织、商业机构创办的媒体，不管实力和影响如何，都不属于主流，似乎出身是决定主流与非主流的唯一方式。其实，这有悖了"主流"的本意。

按照字面意思，"主流"本意是河流或水的干流，是与支流相对的，引申意思是代表或者控制事物发展的主要方向的人物和事物。它可以指思想价值观、事物发展方向，也可以指社会群体。主流用在媒体领域，要么其内容能够代表主流价值观，要么其发展趋势能够代表未来的发展方向，而这两点都离不开媒体的影响力和竞争力。

如果仅仅以主流价值观来衡量，传统报纸、期刊、广播、电视，其传播内容已经形成了主流的习惯，如今之所以要"着力打造"一批新型主流媒体，不是因为我们的传统媒体不再主流了，而是在当前的新媒体环境下，传统媒体的影响力和竞争力不再能够充分、有效地承担起唱响主旋律、打好主动仗、传播好中国声音的重任。毕竟用户的媒介使用习惯已经从传统媒体转移到了新媒体，特别是移动新媒体。

中国互联网络信息中心发布的最新报告显示，截至 2020 年底，我国总体网民规模逼近了 10 亿大关，互联网普及率超过了 70%。显然，新媒体成了宣传思想工作应该发力的重点方向。这也是我们着力打造新型主流媒体的初衷。而要

---

① 中国共产党新闻网. 习近平十八大以来关于"宣传思想工作"精彩论述摘编. (2014-08-19) [2024-11-20]. http://jhsjk.people.cn/article/25493994.

想发挥新型媒体传播好主流声音的责任，新型媒体能否具有社会影响力，能否具有社会竞争力，特别是能否具有可持续发展的自我生存造血能力成了衡量一个新型媒体是否能够成为主流的重要标准。

习近平总书记在强调打造一批新型主流媒体时，除了对要打造的新型主流媒体提出了"形态多样、手段先进"要求，也明确对其要"具有竞争力"提出了要求。同时也提出了要"建成几家拥有强大实力和传播力、公信力、影响力的新型媒体集团"①的设想。这说明习近平总书记对于新型主流媒体的要求并不局限于要传播好主流价值观的层面，而是要具有传播力、公信力、影响力和竞争力。这就说明要判断一个新型媒体是否主流，不能仅仅从短期或者表面看其是否花红叶绿，还要看其是否枝繁叶茂，能否茁壮成长。

撇开那种仅仅从媒体是否由官方机构创办来判断媒体是否主流的"出身论"观点，不论其是官办还是民办，一个媒体只要传播的价值观符合社会主流，只要具有强大的社会影响力、竞争力，具有自我良性发展的能力、潜力，能够代表媒体的发展方向，都应该纳入主流媒体的范畴。我们经常在新闻报道中称的西方主流媒体，也并非以是否官办为衡量标准。对于本国的主流媒体判断，同样不应该以出身而论。

对于哪些属于主流媒体的判断，喻国明教授有过一个精辟的论述。"什么叫新型主流媒体？就是要在新时期、新的发展阶段上，在社会发展的主战场上能够起到社会的组织者、鼓动者、设计者的作用的媒体。主流媒体不是自封的，是从实际影响力的效应中来的——有多少人跟着你走，有多少人以你为信息依赖，有多少人相信你里边发出的观点和判断，有多少社会资源被你激活、整合而成为新的功能、新的价值的创造者。这才是新型主流媒体的关键性判别指标。"②这也说明判断媒体是否主流，离不开其影响力、竞争力的根本。

如果从是否具有竞争力、影响力，能否代表未来发展方向，能否具有自身发展能力来判断，主流媒体就不应局限于是否官办的范畴，主流的新媒体也不仅是官方直接开办或者由官方媒体开办的新媒体账号或者新媒体平台了，而是包括那些同样参加主旋律"大合唱"的民办或者商业性新媒体账号、App和新媒

---

① 中国共产党新闻网. 习近平十八大以来关于"宣传思想工作"精彩论述摘编. (2014-08-19) [2024-11-20]. http://jhsjk.people.cn/article/25493994.

② 喻国明. 有的放矢：论未来媒体的核心价值逻辑——以内容服务为"本"，以关系构建为"矢"，以社会的媒介化为"的". 新闻界，2021（4）：13-17，36.

体平台。毕竟在现有媒体治理环境下，绝大多数民办或商业新媒体传播的价值观也不可能脱离主流价值的框架。

二、揭开主流新媒体盈利模式的"红盖头"

用开放的眼光，从发展角度来看，主流新媒体可以分为两种：一种是依托传统官方媒体和官方机构创办的官方主流新媒体，另一种是商业和民间机构创办的同样传播主流价值的非官方主流媒体。两类主流媒体目前的盈利模式和盈利能力并不完全一致。

传统媒体的盈利模式与广告、发行和相关产业有关。在新媒体发展影响下，传统媒体依赖广告和发行的盈利模式受到了很大冲击。以报纸为例，国家新闻出版署最新公布的《2019年新闻出版产业分析报告》显示，2019年全国1851种报纸出版实现的营业收入为576.1亿元，与2018年基本持平。不说这个数字只是基本持平，没有出现增长，仅看营收总量，这个全国报纸的营业收入只有当年腾讯公司一家媒体营业收入3772.89亿元的1/7左右。尽管2019年全国报纸实现利润38.17亿元，比上一年增加15.79亿元，但是与腾讯公司当年1146.01亿元的盈利相比，只有其3.3%。2019年全国报纸的总印数、总印张、定价总额均出现不同程度的下滑。这也说明在新媒体竞争环境下，传统媒体的盈利模式和盈利能力，都出现了较大困难和压力。

依托传统官方媒体和机构创办的官方主流新媒体，大多沿袭的是传统官方媒体的盈利模式。盈利模式的市场化水平和盈利能力，与非官方新媒体相比，均存在很大差距。尽管官方主流新媒体的盈利模式，不像传统官方媒体那样可以通过发行来获得收益，在目前情况下也未见有通过建立付费墙模式实现盈利的成功模式。

浙江某家被称为国内资本市场首个新闻移动端的挂牌上市公司，仅仅上市不到一年半就出现了股票终止挂牌的现象。以该上市公司公布的唯一一份2017年上市财务年报为例，该公司当年实现营业收入为3739万元，其中广告宣传收入占到总收入的85%。归属于挂牌公司股东的净利润为1387万元，但当年该公司收到的政府补助金额为1185万元，关联销售金额为258万元。如果去掉这些政府补助和明显的关联交易额，该公司的盈利能力可见一斑。

另一家由传统出版集团创办的城市传媒上市公司的2020年财务年报显示，

其 2020 年的新媒体业务总量只有 335 万元，利润只有不足 30 万元。新媒体营业收入占其总营收 215540 万元的 0.16%，利润额占其总利润 24446 万元的 0.12%。① 不管是营业收入还是利润，新媒体业务从经营上说，还是一个传统主流媒体营收和利润的微不足道部分。且不说无法和腾讯这样年营收 4800 多亿，利润 1200 多亿的非官方商业新媒体机构相比，就是和传统媒体相比，其盈利能力也还停留在初级水平。至于那些还没有上市或者母体还没有上市的官方主流新媒体，其盈利模式和盈利水平，恐怕大都还在摸索中。

与官方传统媒体和机构创办的主流新媒体相比，商业和民办机构创办的新媒体大都在激烈的市场竞争中，找到了自己的盈利模式，磨炼了自己的盈利能力。逐渐形成了广告、内容变现、商业营销、网络游戏、科技及企业服务，甚至金融服务等多种渠道的盈利模式。这些市场竞争能力强、社会影响大的非官办新媒体，已经成了传播主流价值的重要渠道，是主流新媒体的重要组成部分。

非官方媒体和机构创办的新媒体中，以中文在线为例，中文在线数字出版集团股份有限公司发布的 2020 年度业绩报告显示：2020 年，公司实现营业收入 9.76 亿元，较上年同期增长 38.35%；归母净利润为 4892.30 万元，同比增长 108.11%。② 其主要盈利模式就是围绕原创文学作品多终端、多平台的多渠道分发所产生的数字阅读收费，原创文学作品 IP 及其衍生产品的多渠道开发，原创作品的知识产权保护而展开。其文学 IP 衍生产品开发，涵盖听书、短剧、动漫、影视、游戏等多种形式。其完全依靠围绕内容产品服务的准确市场定位，从而在激烈的市场竞争中谋得生存之地。

三、敢问路在何方，主流新媒体盈利仍待"破圈"

民办或商业机构等非官方主办的新媒体经过残酷的市场优胜劣汰法则洗礼，已经逐渐找到了自己的盈利模式和发展方向，但是，众多官方传统媒体或机构创办的新媒体并没有找到适合的盈利模式和发展方向。

笔者曾经在浙江、宁夏等地方参加过一些官方新媒体机构发起、主办的融

---

① 城市传媒. 青岛城市传媒股份有限公司　2020 年年度报告. (2021-04-19)[2024-11-20]. https://pdf.dfcfw.com/pdf/H2_AN202104191486461989_1.pdf?1618862858000.pdf.

② 中文在线. 中文在线：2020 年年度报告. (2021-04-23)[2024-11-20]. http://data.eastmoney.com/notices/detail/300364/AN202104221487110619.html.

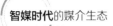

媒体、新媒体交流研讨会，也曾在报刊和学术网站上看过一些官方新媒体机构领导撰写的介绍创办和运营新媒体的经验文字，一些以主流媒体自居的新媒体机构领导谈起新媒体的内容生产、舆论引导、矩阵布局、资金投入等经验来，头头是道，但关于新媒体的盈利模式，特别是盈利能力，往往避而不谈，或者顾左右而言他。专业期刊上虽然有少量谈论主流新媒体盈利模式的文章，但是，主流新媒体的目前盈利能力和自我发展的前景并不明朗。

1. 非市场化盈利模式存在不足

全国数以千计的融媒体中心及其创办的数以万计的各种新媒体账号、平台，大都千篇一律地依赖政府部门或者官方传统媒体生存。即便一些主流新媒体采取广告、宣传营销策划、活动会展承办、技术服务或商品营销等方式来获利，也往往利用自身与行政机构的隶属关系，来获取一定利益。这种收益不仅不能持久，有的还存在职业伦理和法律违规等风险，而且能够获利的空间往往有限，往往无法支撑自身当前和长远发展，无法实现做大做强的目的。

从某一主流新媒体津津乐道的全案策划和整合营销获利方式来看，帮助政府和企业进行宣传推广的文字、图片、影像、活动组织等"全案"策划和整合营销等公共关系活动，很容易将媒体的内容生产和广告营销混淆，如此将会产生内容和经营不分，软文，甚至有偿新闻、"有偿不闻"等有违职业伦理和新闻传播法规的现象。如果一个新媒体新闻的主持人，去帮助企业直播带货或者为商业活动站台，很显然会对媒体平台的公信力产生影响。长久下去，不仅影响媒体的公信力，甚至还会出现"翻车"，对媒体的生存发展都会带来危害。

2. 非信息服务不是媒体核心竞争力

一些官方媒体和机构创办的主流新媒体，在自身内容缺少影响力和用户黏性，从而无法通过内容付费来获取利益的情况下，自然就会打起内容以外的"歪主意"，于是看到人家直播带货火了就幻想自己平台也能孵化下一个网红；看到抖音、快手、B站人气兴旺，就恨不得自己也要打造一个这样的平台；看到支付宝、微信整合了生活缴费、出行打车、酒店车票预订、金融支付等众多服务功能，又忽然想起，这些也是自己的"强项"……

其实，商业竞争的法则不是贪多图全，而是要有自身的核心产品，这个核心产品是根据自身特点和市场竞争环境，进行精准的差异化市场定位后确定的，绝没有千篇一律的盈利模式。那种不立足自身内容信息服务特点，不立足当地用户需求，幻想通过各种"不务正业"的服务、投资来赚大钱的做法，绝不符合官方主流新媒体的发展实际。

从美国等发达国家网络与新媒体的运营实践来看，其主要是通过优质内容直接付费、版权开发和由此带来的广告来获利，而不是盲目投资开发与自身产品无关的各种服务和产业。美国老牌报业传媒集团甘尼特公司首席产品官丹尼尔·伯纳德在接受深圳大学辜晓进教授采访时认为，内容是数字媒体环境下应该优先考虑的。他这样说道："在这个数字时代，我们更注重优质内容生产。我认为优质内容特别重要，必须保持内容的活力，因为那是我们这类媒体安身立命的依据。"① 美国这家最大报业集团的首席产品官况且把内容作为媒体发展安身立命的依据，我们很多新办的新媒体如何能够离开优质内容生存呢！

事实上，我们国内一些新媒体机构之所以能够不断发展壮大，都是因为有符合自身特点的核心内容产品，腾讯有自身特色的众多社交服务和内容产品，头条有自己的内容众筹模式和算法推荐平台，抖音、快手有众多用户提供的短视频产品，微博之所以在微信的冲击下屹立不倒同样也离不开其及时提供热搜等热点内容产品……即便是一些做得较好的官方主流新媒体，同样也是靠有自身特点的内容产品来生存发展。比如，广东南方新媒体股份有限公司 2020 年能够"全年实现营业总收入 122068.95 万元，同比增长 22.56%；营业利润 57690.23 万元，同比增长 44.85%"②，离不开其众多优质视听内容产品的生产和开发。

目前，国内网民规模已经达到 10 亿，互联网普及率超过了 70%。庞大的用户基数给新媒体发展提供了广阔空间和良好机遇。在民营、商业新媒体已经逐渐在市场竞争中形成自身特点、找到自己的盈利和发展方向的情况下，官方传统媒体和机构创办的各种融媒体、新媒体，也应该尽快找准自身定位，减少对行政权力和资金的依附，多到市场大潮中去磨炼觅食，通过提供优质有特色的内容产品来赢得受众和市场的青睐，从而实现做大做强，真正成为有影响力、有竞争力的名副其实的主流媒体。

---

① 转引自：辜晓进. 重走美国大报——美国报业转型：颠覆与重生. 广州：南方日报出版社，2018：74.
② 新媒股份. 新媒股份：2020 年年度报告. (2021-04-28)[2024-11-20]. http://data.eastmoney.com/notices/detail/300770/AN202104281488247791.html.

PART
3

第三部分

职业生态与素养

第三部分

职业心态与素养

网络记者证还需进一步改善供求关系

在第 16 个记者节前夕,网络从业人员收到了一份期盼已久的好消息。2015 年 11 月 6 日,首批符合资质的 14 家中央重点新闻网站共计 594 名采编人员正式领取了与传统媒体从业人员一样的新闻记者证。一些权威媒体在报道中将此举称为"我国首批新闻网站记者证发放"。

事实上,这幸运的 594 名网站采编人员并不是真正意义上的首批具有新闻记者证的网络记者。《中国记者》一篇文章显示,早在 2000 年,四川新闻网采访中心一名副主任就已经"成为当时中国首批拥有新闻出版总署制记者证的网络新闻记者,记者证统一编号为 W5100010015"。2014 年,一位国家新闻出版广电总局工作人员在接受记者采访时也曾透露,早在几年前,一些中央新闻网站试点就核发新闻记者证了,"只不过一直没有公开发布相关信息"。国家新闻出版广电总局 2015 年公开的持证记者数量数据显示,全国共有持有有效新闻记者证的新闻网站记者 1183 人,而不仅仅是上述公布的"首批"594 名。这也说明,目前首批符合资质中央重点新闻网站正式领取的新闻记者证,并不是新闻出版管理部门最早颁发的新闻记者证。

即便如此,这 594 张网络新闻记者证的颁发仍然具有开创性的重要意义。这不仅意味着网络新闻记者获得了官方正式认可,新闻出版管理部门不再是像以往试点那样,只为一些中央和省市级重点新闻网站颁发记者证,而且,这也意味着更多的非中央和省市级新闻网站采编人员,不久后也将有望像这 14 家中央重点新闻网站的采编人员一样,领到记者证,并获得和传统媒体记者一样的采访便利。

中央网信办一位领导透露,未来将在首批新闻网站成功发证的基础上,及时总结经验,进一步完善网站核发记者证相关制度机制,严格审核把关,稳步扩大发证范围,逐步覆盖符合资质要求的其他中央新闻网站、地方主要新闻网站。中央网信办新闻发言人更是明确表示，"两年之内，网站符合资质、个人通过审核的，将全部发放记者证"。果真如此，这对于众多长期没有正式采访权的地方新闻网站来说，不亚于一场久旱后的甘霖。

一些地方新闻网站的采编人员，由于缺少正式的新闻记者证，其所属新闻网站的新闻采访权难以落到实处。它们或者沦为传统媒介的网络版，或者靠摘编拷贝其他同类网站信息勉强维持运转。有的虽然依托传统媒介领取了记者证，但是难以满足正常新闻采访生产需求，严重制约了这些地方新闻网站的发展。

由于长期没有合法的采访权，一些网络采编人员十分迫切希望能够和传统媒体一样获得新闻出版主管部门颁发的新闻记者证。笔者在有关网络记者证和采访需求的调查中发现，超过七成的网络与新媒体从业人员因为编辑制作信息具有采访工作需求，具体占到从业人员比例的 72.22%；超过七成网络与新媒体从业人员认为网络与新媒体采编人员需要记者证，其中认为自己非常需要和需要的分别占 35.56% 和 36.67%，总计达到 72.23%。

不仅一些地方新闻网站对合法采访权需求迫切，其他一些没有纳入新闻网站管理范畴，但是实质上也在提供新闻信息服务的各类网站对于采访权也有着同样迫切的需求。

2015 年，我国网站数量超过 350 万个，其中，提供互联网信息服务的网站多达 1.6 万家。这些提供信息服务的商业性网站，由于没有被纳入新闻类网站管理，无法通过正当的渠道进行新闻信息生产，通常只能采取非常规手段获取信息。它们中除了少数通过合作或直接购买的方式从其他媒介获取信息，更多的则通过直接复制粘贴的方式获取其他媒介信息。如此，侵权盗版纠纷不断，虚假、低俗有害信息泛滥。不仅严重影响了互联网产业的发展，而且也给网络舆论安全带来隐患。

有关管理部门如何在分期分批满足中央和地方新闻网站采访权需求的同时，逐步将新闻采访权延伸到一些有一定规模、管理规范的商业网站，给这些网站中符合条件、具备一定职业资格的采编人员颁发新闻记者证，也应该逐渐提上日程。

随着微博、微信等客户端的发展，这些社交新媒体应用也成了人们获取信息的重要渠道。它们在信息生产传播的过程中，同样也会有新闻采访需求。在这种情况下，进一步将网络记者证与时俱进地延伸到网络以外的新媒体，也将成为一种必然的趋势。

2015 年，网络记者证颁发工作才刚刚起步，与网络与新媒体的发展需求还存在很大差距。在这种情况下，主管部门需要进一步改善网络与新媒体对于采访权需求远大于供给的现状，为网络与新媒体的健康快速发展提供良好环境。

喜闻网络编辑纳入职称资格管理

尽管网络新媒体已经成为人们获取信息的主要渠道，网络新媒体的编辑数量也远远超过传统媒体，但是，网络新媒体编辑的职业地位与传统媒体相比仍然显得"低人一等"。这种"低"不仅在于前者的工作资历、身份地位、福利待遇等与传统媒体有很大差距，还有一个很显著的区别是传统媒体的编辑记者可以评职称定级别，而网络新媒体却不在职业技术资格管理的范围之内。这导致网络新媒体编辑人员要么看着传统媒体的编辑记者评中级、高级，要么只能通过传统媒体编辑、记者渠道"曲线"完成职称评定。事实上能够取得这种"曲线"资格的只有少数网络新媒体的中高层管理人员，绝大多数普通网络新媒体编辑人员往往工作十多年，职称仍然没变。

可喜的是，这种资格管理和职称评定中的不合理、不公平现象正在被打破。2015年底，北京市人力资源和社会保障局和北京市新闻出版广电局联合发布关于印发《北京市新闻系列（数字编辑）专业技术资格评价试行办法》（下文简称《办法》）的通知，宣称"为加强专业技术人才队伍建设，促进我市数字传播产业发展，经研究，决定在新闻系列数字编辑专业推行专业技术资格评价制度"。

《办法》规定，凡在北京地区经国家有关行业主管部门批准开展数字内容传播相关业务的单位中，"从事文字、图像、音频、视频等作品选题策划、稿件资料组织、编辑加工整理、校对审核把关、运营维护发布等工作的专业技术人员"，符合相关条件的，均可自行申报相应级别职称。北京市新闻系列（数字编辑）专业包括数字新闻编辑、数字出版编辑、数字视频编辑三个领域。专业技术资格设置为正高级、副高级、中级、初级（助理级）四个等级，各级别专业技术资格名称分别为：高级编辑、主任编辑、编辑、助理编辑。这意味着北京市数十万网络编辑将正式纳入新闻职称系列专业技术职业资格管理，将和传统报刊电视的编辑和记者一样，可以参加新闻系列职称的评定。此举在新媒体快速发展和媒介融合背景下，具有重要意义。

当前，我国网络新媒体编辑已经发展成为一个数量庞大的职业群体。与此同时，微博、微信等移动新媒体、社交新媒体快速发展，采编人员数量仍在大幅增长。在这种情况下，我国还没有建立完善有效的新媒体从业人员职业资格管理和职称晋升制度。

虽然早在 2005 年，当时的劳动和社会保障部就将"网络编辑员"纳入我国第三批新职业名录，但是网络编辑等新媒体编辑并不是一个普通的职业工种，更不等同于网络技术工人，而是承担着传播先进文化、引导社会舆论的工作的特殊职业。相比传统媒体编辑、记者的职业资格管理和职称晋升工作，网络新媒体编辑的职业资格管理和职称晋升工作明显落后于当前新媒体发展和国家加强网络社会管理的现实需要。

网络新媒体编辑是新媒体产业健康发展的核心资源。由于网络新媒体从业人员职业资格管理和职称晋升工作滞后，当前网络新媒体采编人员素质良莠不齐，职业满意度降低，人员流动性加大，直接影响了网络新媒体的内容生产质量。缺乏有效的网络新媒体从业人员职业资格管理和职称晋升制度，不仅不利于网络新媒体从业人员的职业发展，使其正常的职称晋升权利缺少保障，影响其创造力和积极性的发挥，阻碍网络新媒体产业的健康发展，甚至还会给网络新媒体的新闻宣传与舆论引导工作带来了隐患。

在当前大力提倡媒介融合的情况下，网络新媒体与传统媒体在职业资格和职称管理上的差异，还导致了传统媒体人员留恋职称评定等体制优势，不愿流动到网络新媒体，而网络新媒体人员则因为无法评定职称，缺少传统媒体需要的职业资格和职称等条件，无法正常流动到传统媒体。这种制度设计缺陷，人为制造了媒介融合的"壁垒"。

无论是从改善网络新媒体从业人员职业发展环境、保障网络新媒体从业人员的职业权利，还是从加强和改进网络新媒体管理、提高网络新媒体内容生产质量、促进传统媒体和新媒体融合的角度来看，都迫切需要加强网络新媒体从业人员的职业资格和职称晋升管理工作。

该《办法》还专门对网络新媒体编辑的专业技术资格取得方式和原则进行了规定，"申报数字编辑专业技术资格的人员通过考试或评审取得《北京市专业技术资格证书》，由用人单位根据需要，自主、择优聘任专业技术职务"。其中，高级专业技术资格采用专家评审的方式取得。中级、初级专业技术资格采用考试的方式取得，每年组织一次，并明确规定"考试组织工作由市人力社保局和市新闻出版广电局负责，具体考务工作由北京市人事考试中心承担"。这种明确将人力社保局和新闻出版广电局作为资格考试主体单位的做法，有别于以往网络编辑员和网络编辑师资格认证工作委托社会培训机构负责、将网络编辑资格认证等同于普通专业技术认证的做法。

网络新媒体编辑和传统媒体的编辑、记者一样，不是一般的专业技术人员，而是承担着新闻宣传和舆论引导等政治、社会职能的特殊技术人员。如果像普通的专业技术人员一样由单一的人力资源与劳动保障主管部门进行资格认证，则无法从新闻宣传的政治素质和职业伦理等角度来考核其是否具备职业资格。一些网络编辑培训认证机构容易将网络编辑资格认证当作收费牟利的工具，使资格认证流于形式，失去了资格认证的真正意义。因此，有必要联合新闻出版广电部门并将行政主管部门作为资格评价的主体。

挑战、困境与坚守：新闻人从业生态回顾

　　新闻人不仅是社会环境的守望者，还是社会正义与良知的守护者，甚至是发现社会问题的"啄木鸟"。新闻人的生存发展环境与权利保障状况，往往是普通民众社会生活与权利保障状况的缩影。回顾 2015 年的新闻人从业生态，可以用挑战、困境与坚守几个词来概括。

　　新媒体、新技术的快速发展成了新闻人的生存与发展面临的最大挑战。一方面传统媒体衰落，传统的信息生产方式落伍，传统技能"手艺"难有用武之地，一些传统媒体人面临着技能陈旧和职业转换的生存危机，而新兴媒体和新的信息生产手段步步紧逼。不仅传统的受众大都转换到移动媒体、社交媒体，而且受众在微博、微信等移动社交媒体上成了内容生产者和传播者，变成了自己的竞争对手。有的变成了让传统媒体羡慕嫉妒恨的大 V，还有的运营起自媒体、公众号。

　　更严重的是在新闻生产领域出现了"机器排挤工人"现象。2015 年记者节期间，新华社正式推出机器人写稿项目，被称为"机器人记者"的"快笔小新"上岗了。虽说"快笔小新"智能有限，难以在深度报道和情感价值判断类信息上发挥作用，只能帮助新华社体育部、经济信息部和《中国证券报》，写一些体育赛事中英文稿件和财经信息稿件，但是其在一些程序性的财报数据和比赛成绩之类的简单信息写作上，却表现出速度快、效率高等优势，成为写稿发稿的得力助手。测试显示，一篇财报分析只需 3 秒就可成稿，而且"大小标题一应俱全，还配有图表等信息"。

　　国内的腾讯公司也曾启用写稿机器人 Dreamwriter 进行财经统计信息写作，一篇题为《8 月全国 CPI 涨 2%》，"文从字顺、数据翔实"，600 多字的财经信息，"仅用一分钟完成"。此前，国外的美联社、《洛杉矶时报》也都曾尝试机器人写作。可以说，机器人写稿将会在一些简单、重复的客观性信息写作领域，成为

一些新闻人的竞争对手。

在新媒体技术发展带来各种职业压力的环境下，在各种利益诱惑面前，难能可贵的是一些新闻人对职业信念和责任的坚守。2015年虽然也曾出现某杂志社记者涉嫌伙同他人编造并传播证券、期货交易虚假信息被采取刑事强制措施等事件，但是，也出现了新闻人坚持良知和正义、勇于承担社会责任的感人事件，如南都记者冒险卧底高考曝光替考团伙操作全过程，重庆两名记者因航拍失事因公殉职，以及新华社内蒙古分社高级记者汤计为蒙冤18年的呼格吉勒图，用9年写了9篇报道，直至案件彻底平反，有关责任人终被惩处。

由于国家有关部门对于新闻人职业发展管理的重视，2015年新闻人的职业发展生态也出现了一些新的亮点，如国家有关部门开始尝试给部分新闻网站记者发放了新闻记者证，北京市尝试实行在部分网络编辑中推行专业技术资格职称评定制度，中国记协在2014年底启动中国新闻工作者援助项目的基础上，2015年援助了16名伤残记者。这些举措对于改善新闻人的从业生态都是实实在在的利好消息。

电视行业编外用人之困

2016 年前后，以央视一些知名主持人、制片人为代表的电视人相继离职，出现了电视人"大逃亡""离职潮"现象。

一些电视人纷纷离职，这一所谓"潮涌"现象的出现，有作为传统媒体的电视受到网络、移动视频，以及社交新媒体冲击的原因，有电视人作为"知识型员工"本身就具有自主性强、流动性大特点的原因，也有一些知名电视人作为公众人物，其离职行为受到公众瞩目，具有放大效果的原因。但是，还有一个不容忽视的因素，就是电视行业的用人机制问题。

与只有 20 年发展经历的网络，甚至只有数年发展经历的新媒体相比，网络与新媒体一开始就建立了企业化用人机制，而电视作为一个从广播发展起来的传统媒体，其发展历史较长，工作人员中新老员工混杂，用人体制上"老人老办法、新人新办法"带来身份待遇、养老保障与利益分配的冲突、矛盾较多。与同样是传统媒体的报社、期刊社和出版社相比，报社在体制改革中起步较早，市场化发展路线相对明确，改革进展较为顺利，除了一些党报外，社会化、企业化用人机制基本建立，期刊社、出版社的转企改制、分类推进的"线路图"和"时间表"更加明确，企业化用人机制改革更加彻底。而电视行业的企业化、市场化改革路线相对模糊，改革过程中也屡屡反复，用人机制积累的问题相对较多。

电视行业用人机制中矛盾较为突出，还与电视行业庞大的用人数量有很大关系。特别是电视在 20 世纪九十年代出现了超常规的大发展机遇，随着大量新频道、新节目开办，电视从业人员数量迅速增大。以中央电视台为例，在 2004 年清理数千名不规范用工人员后，目前公布的"本部现有员工"仍然有 9000 多人。一些省级广电单位人员总量也多达数千人。以湖南广电为例，在 2004 年公布的数据就显示，其集团有 4200 多名员工。而一些大型报业集团、出版集团人员数量很难达到这样规模。这使得电视用人体制改革成本相对较高、包袱较大。

在电视频道、栏目、节目播出时间大量扩张过程中，一些电视台、电视频道、节目栏目组为解决用人问题，开始大批招聘新人或者采取租赁、临时用工等各种"灵活"方式大量用工。这导致电视行业"编外"人员比例超高。同样以中央电视台为例，根据央视公开发布的信息，截至2003年5月底，央视编外人员达7142人，占全台人数的74%，是编制内"台聘"职工的2.85倍。而在湖南广电集团2004年公布的4000多名员工中，有2000多名员工属于聘用制，聘用人员约占一半。这种大量"编外"用工，给后来电视行业的用人体制改革带来了很大困难和阻力。

电视行业的用人体制改革滞后，特别是大量"编外"用工难题难以化解，给电视行业发展和电视从业人员的个人职业发展都带来了诸多问题。

对于电视这种知识和智力密集型行业来说，人力资源，特别是员工的创新力、创造力是其发展的重要资源和动力。但是，"老人老办法，新人新办法"，同工不同酬的用人机制，极大地挫伤了大量体制外新员工的积极性。而且，有研究显示，愈是采编第一线这样创造与创新的关键岗位，编外人员比例愈高。有资料显示，西部某市级台，其编内员工与编外员工薪资存在4000元以上差别，导致编内人员不劳也比编外人员多劳收入高。这样不公平的分配制度，很难调动从业人员的积极性。

对于大量编外从业人员来说，这种用人和分配制度，不仅带来劳动付出与收入报酬上的不公平，还给他们的职业发展和心理归属感带来了很大问题。他们以编外身份，承受着与编内人员完全不同的职业晋升、保障、福利，乃至连单位出入证都不一样的各种待遇，使他们会对单位和职业难以产生认同感、归属感，导致职业忠诚度降低、职业流动率增高。一位自称在某电视台工作8年的人在网上发文感叹："自然灾害，我第一个到现场……年底了，因为工作量高，我成为最佳员工。发工作服没我的，发奖金没我的，发挂历没我的，因为我是编外。"试想一个受过高等教育的知识型员工，长期忍受这种不公，最终被清退，这该是一个多大的创伤。

尽管这种大量编外用人体制和同工不同酬的分配方式存在弊端，但是从当前网上随处可见的"某某广播电视台及下属广电站招聘编外工作人员公告""某某广电新闻中心招聘编外用工公告"等很多地方电视台的招聘广告来看，编外用人仍然是当前电视业主要用人方式。在现有新老用人体制交替的情况下，在"编制"提法还难以一时完全取消的情况下，如何解决老人和新人、编内和编外人员的薪酬、待遇和职业发展等问题，仍然是电视业用人体制改革中的大问题。

新闻人从业生态的变与不变

2017 年，党的十九大、建军九十周年、金砖国家领导人会晤、香港回归二十周年、"一带一路"国际合作高峰论坛，以及四川九寨沟地震、南方暴雨洪涝灾害……新闻人重大采访任务不断，记协成立八十周年、习近平总书记发来贺电、记协开展深化改革、中央主要新闻单位人事制度改革、好记者讲好故事等，与新闻人自身有关的大事喜事同样接踵而至。

2017 年，新闻人在坚守职责、履行使命、承受变革中，其从业生态出现了一些新的情况、新的特点。突出表现为制度和技术对新闻人从业生态的影响加大，新闻人的从业生态出现了群体分化和泛化或者非专业化的现象。

习近平总书记在新闻舆论工作座谈会讲话中强调："要深化新闻单位干部人事制度改革，对新闻舆论工作者在政治上充分信任、工作上大胆使用、生活上真诚关心、待遇上及时保障。"[①]2017 年中央办公厅印发了《中国记协深化改革方案》、中央宣传部等四部门联合印发《关于深化中央主要新闻单位采编播管岗位人事管理制度改革的试行意见》等对改善新闻人从业生态有重要意义的文件。《中国记协深化改革方案》的实施，进一步强化了记协作为"记者之家"的服务和联络功能，而中央主要新闻单位采编播管岗位人事管理制度改革方案，虽然仅仅针对少数中央主要新闻单位，但是给省市等基层新闻单位解决体制内外"双轨制"用人，特别是"编制"外用人，甚至劳务派遣制等问题，起到了示范作用，也让大量"新闻民工"看到了改善自身待遇的希望。

随着近年来以都市报为主的传统纸媒的衰落和网站、自媒体等新媒体的兴起，新闻从业人员数量和构成均发生了明显变化。突出表现为党报、党刊等政

---

① 习近平在党的新闻舆论工作座谈会上强调：坚持正确方向创新方法手段　提高新闻舆论传播力引导力. 人民日报，2016-02-20(01).

治性较强的主要新闻媒体从业人员待遇的较大改善和都市报、商业网站、自媒体等商业媒体从业人员的待遇缺少保障，社会地位较低，从业生态存在较多问题，二者形成鲜明对比。甚至存在出现党媒新闻人和市场新闻人从业生态两极分化的问题。而随着众多微信公众号、头条号、网络直播等自媒体人的加入，新闻从业人员的职业群体出现了泛化和非专业化的现象。

除了新闻人事政策之外，新技术，特别是人工智能的发展，给新闻人的从业生态带来了前所未有的影响。如今，不仅新媒体、新技术和媒介融合的发展对新闻人的从业技能提出了新的要求，而且人工智能的出现，还将对新闻人的就业岗位提出新挑战。机器人排挤新闻人将成为一个近在眼前的问题。如今智能机器人不仅能写稿、校对，而且还会采访、写诗、主持节目和制作视频。虽然目前还只能从事一些智力程度不高的工作，但是随着人工智能的发展，它们必然会取代一定数量的新闻人的工作。这使得新闻人的从业生态的改善面临着更多的挑战和变数。

在新闻人从业生态出现较大变化的同时，新闻从业生态中的一些痼疾仍然没有得到解决。如假记者和新闻敲诈问题，虽然近些年一直加强治理，开展了多轮严打假媒体、假记者站、假记者行动，但是在一些地方该问题仍然猖獗。河北衡水、陕西西安、山东省平度、广西河池、湖南常德、海南乐东、河南驻马店等地均出现了假冒记者招摇撞骗或敲诈勒索事件。其中以衡水为甚，涉案团伙成员达 22 人，涉案数量 38 起，涉案金额 34 万余元。

虽然由于传统商业媒体衰落，监督新闻、社会新闻减少，加之社会环境对记者态度的改善等，殴打记者的现象有了明显减少，但是，一些地方对记者拳脚棍棒相加的行为仍然存在。

在传统纸媒日益衰落，特别是都市报等商业报纸不断减版萎缩甚至停刊的情况下，传统纸媒新闻从业人员的职业保障仍然存在较大问题。《京华时报》《东方早报》《楚天金报》《台州商报》等十多家报纸相继在 2017 年前后宣布停刊或休刊。这些传统媒体的新闻人不得不面临着转岗、转行和被裁员的问题。

值得一提的是，新闻工作者协会和社会公益机构开始在改善新闻人的从业生态中发挥作用。中国记协自 2014 年开展中国新闻工作者援助项目以来，已经对全国各级各类新闻单位因公伤亡的 77 名新闻工作者发放了援助金 427 万元。其中，2017 年援助力度和范围有了明显加强和扩大，当年有 31 名新闻工作者获得援助，援助金额达 191 万元。新华社内蒙古分社记者汤计退休后在中国红十字基金会设立了"汤计人道传播基金"，致力于救助因公致残或陷入困境的媒体人，这是国内唯一由个人发起用于新闻从业人员的慈善项目。这些公益慈善项目的实施，弥补了新闻人救助工作的空白。

编辑出版人从业生态的热点和趋势

回顾 2017 年涉及编辑出版从业人的诸多重要事件，可以发现编辑出版人的从业生态中出现了几个明显的热点和趋势。

其一，网络编辑管理法治化加强。随着网络与新媒体的快速发展，数字化阅读，特别是移动数字阅读正逐渐成为人们阅读和接受信息的主要方式。快速发展的网络与移动应用，也开始暴露出很多问题。由于这些网络与新媒体大都由没有新闻出版生产资历和个人和企业运营，缺少内容生产管理必备的经验、能力和责任意识，其生产传播的内容有相当数量，或粗制滥造，或哗众取宠，或侵权剽窃等，对社会风气、著作者权益，甚至对社会稳定和国家安全等都带来了不同程度的危害。

针对网络与新媒体内容生产中存在的种种弊端，也为了给党的十九大营造风清气正的环境，国家网络信息化和新闻出版管理部门在 2017 年以前所未有的重视态度，先后接连出台了多部治理规范网络与新媒体及其从业人员的法规。

仅国家网信办 2017 年就接连公布了互联网新闻信息服务、公众账号、群组信息、跟帖评论、论坛社区等信息服务管理规定，并专门出台了《互联网信息内容管理行政执法程序规定》和《互联网新闻信息服务单位内容管理从业人员管理办法》等至少 10 项涉及互联网和新媒体内容与人员管理的法规。当时的国家新闻出版广电总局为了加强新闻出版部门的新媒体管理也专门发布了《关于规范报刊单位及其所办新媒体采编管理的通知》。2017 年管理法规出台数量多、频率高，完全可以称为网络和新媒体的法规管理年。

这说明加强法治化管理正成为网络与新媒体及其从业人员管理的基本趋势。特别是《互联网新闻信息服务单位内容管理从业人员管理办法》填补了国内互联网发展 30 多年以来，互联网内容从业人员管理法规的空白。

其二，意识形态重视强化编辑出版人政治把关职能。国家对国家安全和意识形态的重视，对作为精神文化产品把关人的编辑出版人的政治业务素质有了更加严格的要求。2017年年初，国家有关部门除了专门出台了《互联网新闻信息服务单位内容管理从业人员管理办法》加强互联网内容编辑的管理，还出台了《宣传思想文化系统事业单位领导人员管理暂行办法》，专门对宣传思想文化系统事业单位主编和编委一级领导班子成员的思想政治素质提出明确要求。

新闻宣传、网络信息化和新闻出版管理部门，除了在单位领导人员管理、传统的出版专业技术人员职业资格管理，新兴的互联网新闻单位内容管理从业人员管理和部分试点地区的数字新闻编辑、数字出版编辑、数字视频编辑专业技术资格管理上，对内容审核把关人员的政治素质提出具体要求外，还通过各种教育、培训形式强化提高编辑出版从业人员的政治把关职能。

2017年，有关部门就先后开展了"网络媒体新春走基层""全国新闻单位青年编辑记者走进革命老区""新华书店成立八十周年"等主题宣传教育活动。重庆等地方的新闻出版管理部门还开展了对全市新闻出版单位负责人、新闻采编人员提升思想政治理论水平的全员轮训。与此同时，各种新闻出版单位的社会效益评估和社会责任履行情况也进行了公示。

其三，人工智能、算法推荐等新媒体和数字化技术的发展增加了编辑出版人的技能和职业危机。选稿、组稿、审稿、加工、发稿和校对本来是编辑出版人的重要职能，被称为编辑出版人的"六艺"。如今在网络和新媒体，特别是自媒体的内容生产中，这些程序是能省则省，能简则简。一些以人工智能和算法推荐为选稿机制的媒体或以此提供资讯的应用，甚至声称其内容管理不需要编辑。

依靠智能机器人把关和根据用户兴趣进行算法推荐的资讯应用平台如今已经成了手机阅读的主要内容，占据了移动内容生产的相当部分市场。机器人和算法推荐机制不仅弱化了编辑出版人的把关责任和职能，也排挤了大量编辑出版人的职位空间。而随着数字出版和媒介融合的快速发展，新技术应用和新媒体形态的不断出现，又给编辑出版人的职业技能不断带来了新的危机和挑战。这些都给编辑出版人的从业生态带来了新的影响因素。

此外，国家对"讲好中国故事"和"走出去"的重视，提高了对编辑出版人对外传播能力的要求。"一带一路"倡议、"人类命运共同体"的倡导和中华民族伟大复兴、增强文化自信、展示中国大国形象、提高国家文化软实力和中华文化影响力等任务的提出，使得新闻出版"走出去"工作受到了前所未有的重视。新闻出版单位纷纷采取借船出海、造船出海，乃至借人出海的方式，通过多种媒体手段，在全球范围内开展组稿、编辑、出版和发行工作，以便更加有效地融入全球传播。这对编辑出版人的对外传播能力提出了新的要求。

加强媒介素养教育是治理新媒体之本

　　人类社会愈发展，其创新力、创造力就愈旺盛。媒介形态和技术同样会随着媒介发展水平的提高而变得更加多样。

　　在广大用户不断拥抱新媒体形态和技术给人们的信息沟通、情感交流、休闲娱乐和生活工作带来的便利和变革的同时，新媒体技术的发展，也给国家和社会带来了治理难题。

　　通常来说，治理媒体问题和治理社会问题一样，德治和法治是主要手段。而其中，通过立法，依法治理往往能够起到刚性和快捷的功效。这也是国家监管部门不断制定从即时通讯、搜索引擎、移动应用程序，到网络直播、互联网群组、微博、公众号等有关法律、法规来治理各种新媒体问题的原因所在。但是，在当前新媒体形态和新媒体技术不断日新月异，新媒体的各种问题也不断出现的情况下，依靠不断立法来治理这些新问题，不仅相关部门疲于应对，而且往往容易出现法律监管上的滞后和疏漏。而依靠新媒体机构和从业人员加强行业自律来以德治理新媒体中出现的问题，也往往因为自律的柔性和监管的缺位，而难尽如人意。

　　从某种程度上说，国家有关部门对新媒体问题治理的力度不能说不大，治理的法律法规也不能说不完备，对于新媒体单位的行业自律要求和新媒体从业人员的职业伦理建设也非常重视，而且要求很高，约束也很严格，但是，各种问题仍然很多，治理难度仍然很高，治理效果也不尽如人意。因为我们对新媒体治理的思路更多地停留在事后的惩罚和依靠"把关人"对内容审核控制的堵疏层面，而没有将治理的视角前移到广大新媒体内容生产者的自我约束和自我觉悟层面。

　　庞大的新媒体用户，每天在各种各样的新媒体平台生产的文字、图片、语音、视频等信息总量，少说也数以亿计。如果不依靠这些用户的自觉和自律，而寄希望通过信息审核人员的审核把关或者通过尚不能达到精确识别判断的人工智能技术过滤，绝不能达到理想的内容澄清和优化效果。至于依靠法律追惩手段加以打击，也会因为众多问题无法发现而无从下手。

在新媒体用户总量和信息数量已经达到海量，而新媒体形态和新媒体技术仍然日新月异不断向前发展，现有的法律治理手段又难以保持同步的情况下，只有提升广大用户的媒介素养，才能从根本上解决新媒体和新技术发展中出现的新问题。

事实上，很多新媒体中出现的造谣传谣侵犯他人权益、扰乱社会秩序，甚至危害国家安全和民族团结等问题，并不是因为信息发布人员不遵纪守法或品德低下，而是因为他们不具备基本的媒介素养。他们在信息发布或者转发过程中，有的因为缺少基本的信息鉴别能力而成为谣言的"二传手"，有的可能因为缺少对个人隐私、肖像、名誉和知识产权的基本法律常识而无意中对他人的权益造成损害，还有的可能因为不了解媒体的强大影响力而将现实中的个人情绪和私人间交流的内容放大到新媒体空间中去，从而给社会稳定和国家安全带来危害。这也是一些本来在现实生活中遵纪守法的人，到了网络虚拟空间就变得口无遮拦、狂妄不羁，甚至不惜违法乱纪的原因所在。

目前，一些发达国家都已经将提高全民的媒介素养作为提高国民合理有效地利用媒介能力的手段，同时也作为从根本上治理媒介问题的重要手段。英国、美国、加拿大、澳大利亚等一些国家甚至将媒介素养教育纳入中小学教育课程体系，使之成为国民教育的重要内容。通过这种全民式的媒介教育，国民从小就开始学习如何合理使用媒介和接受、分析、鉴别信息，从而发挥媒介在个人和社会发展中的正功能，避免因受到媒介信息误导和媒介使用不当而带来的各种负效应。而我国在媒介素养教育方面所做的努力和重视程度，与发达国家相比还远远不够。

也正因为我国在媒介素养教育方面的欠缺，相当数量的新媒体用户在不具备最基本的媒介素养的情况下，就拿起麦克风、摄像头、自拍杆和智能手机，摇身一变成了职业的靠传播信息和内容生产吃饭的"媒体人"。有的甚至一不小心成了比专业媒体和媒体人还有影响力的大V和网红。这些缺少基本媒介素养的"媒体人"活跃在各大新媒体平台，其危害性无异于无证驾驶的司机开车横行在高速公路和城市街道。这些数量大、缺少基本媒介素养的"媒体人"，是新媒体内容生产的主力，也是新媒体各种问题的"麻烦制造者"。

为了促进广大国民合理有效使用各种媒介和接受媒介信息，我们有必要借鉴一些发达国家的经验，在中小学和大学教育中加强全民性的媒介素养教育。只有全民性的媒介素养提高了，带有全民性的新媒体使用和信息传播中的各种问题才会因广大用户对信息传播的甄别能力和自我约束能力的增强而化解，新媒体治理的难题也自然迎刃而解。

从信息生产的流程来看，通过加强全民媒介素养教育来治理和防范新媒体信息传播中出现的各种问题，也可以起到从信息生产源头减少问题的作用。这是一种能够从根本上防患于未然的治理路径，而不是亡羊补牢式的事后追惩式的治理路径。

在全民皆成为信息传播者的新媒体时代，传统媒体依靠单位和人员管理的管理模式很难适应新形势。传播者和传播媒体已经在数量上远远超过了传统管理方式能够管理的数量，而且传播主体不再是原来相对固定的人员和单位，不确定性大大增加。在这种情况下，通过加强全民性的媒介素养教育，提升有可能成为传播者的所有民众的信息甄别能力与传播责任意识，已成为当务之急。

公众号从业人员职业素养急需提高

在微信官方 2018 年 7 月公布的数据中，微信公众号数量已经超过 2000 万个，月活跃公众号数量也已经超过 350 万个。微信公众号的运营人员虽然没有准确统计，但是，依据 2019 年公众号数量推算，总数不下 1000 万人，相对固定的专职和兼职人员数量也在 700 万人左右。如此庞大的公众号从业人员队伍，人员来源、结构复杂，文化水平参差不齐，加之绝大多数都没有受过专业的编辑审核专业训练，缺少必要的媒介常识和职业文化素养，导致所发布的信息中相当一部分质量低劣、内容粗俗。这极大地影响了新媒体的舆论和内容生态，也给舆论和文化安全、用户文化素质提高等带来了不容忽视影响。

公众号从业人员职业素养主要包括法律政策素养、职业伦理素养和文化知识素养等方面。法律政策素养缺失一方面往往是因为他们对国家大政方针和涉及国家安全等根本性法律法规的把握不够，导致公众号发布的内容对国家安全、社会稳定和主流价值观重视不足，才会发布一些危害社会稳定、煽动社会仇恨、危害国家安全和损害国家政府形象的违法违规信息。另一方面是因为对一般性法律法规缺少了解，而导致所发布信息出现诸多侵权违法内容。

职业伦理素养的缺失，则是部分公众号从业人员缺少社会责任和社会公德意识的根本原因，导致公众号热衷传播虚假欺诈、暴力血腥、淫秽色情、低俗庸俗以及其他不良有害信息、追捧不良生活方式。

部分公众号从业人员文化素养的缺失，对于公众号内容生产和价值传播造成的影响，往往更加隐蔽和深远。王国维先生曾云："有境界则自成高格，自有名句。"由于部分公众号从业人员自身文化素养不足、品位低下，其发布的内容自然也就很难"有境界""成高格"，以致错谬不断、质量低下，或断章取义，或哗众取宠，或以讹传讹，或东拼西凑、粗制滥造，大搞标题党，热炒明星绯闻、隐私八卦，甚至以伪科学和封建迷信来愚弄受众。

造成当前部分公众号从业人员职业素养不足的原因是公众号从业人员从业门槛较低，人员来源背景复杂。相当数量的公众号从业人员没有受过良好的高等教育，有的即便受过高等教育，又往往来自信息技术等非人文专业，至于受过专门的新闻传播专业训练，具有一定的媒介素养的人员比例就更加低。这导致公众号从业人员媒介职业素养，特别是人文素养的严重不足。

此外，目前专业人才培养的教学双方对于专业基础和职业素养培养都重视不足。在新闻传播人才培养方面，为了迎合招生和学生选课兴趣需要，高校会开设一些花哨、省力，甚至纯粹让学生觉得轻松有趣的课程，一些老师也以网红式的娱乐姿态来取悦"愚"乐学生，这导致在专业人才培养方面相对枯燥的专业历史、法规伦理和诸如采写编评的业务技能训练等专业基础和基本素养方面缺乏应有的重视。

微信公众号已经成为人们日常阅读的重要内容，对用户文化素养和价值观等均产生着不容忽视的重要影响，同时，公众号从业人员也已经发展成为一个数量庞大的群体。在此情况下，如何提高公众号从业人员的政策法规意识、伦理道德和文化知识等职业素养成了一个十分迫切的问题。

专业新闻发言人要具备专业素养

新闻发言人的素养是其综合素质的体现。一个新闻发言人所要具备的素养很多，但是一个行业或者专门领域的发言人必须具备该行业或领域的专业素养。这样才能不说外行话，才能不被假象忽悠，然后又再忽悠别人。同时，比起常人来，人们对专家的信任程度更高，一个行业或专门领域的发言人，如果能够同时成为这个行业、领域的专家，其发言效果和发言的公信力必然优于非专业发言人。

但是，一些行业、专门领域的新闻发言人不但不具备新闻规律、媒介素养等最基本的发言人专业素养，而且对本行业、本领域的基本知识也缺乏必要的常识，遇到新闻发布、应急管理等紧要关头，不仅自己很难看清真伪、分清是非，还寄望以此糊弄他人，结果可想而知。

2013 年，某地一家法院就为自己的微博发布人员缺乏必要的法律专业知识伤了不少脑筋。起因是一名被执行死刑的犯人家属声称，家属连最后一面也没见到，甚至连正式通知也没有；该法院官博发表有违法律常识的微博回应称：法律无明文规定犯人死刑前必须和亲人见面。结果这条缺少基本法律专业知识的微博，很快招致本来就对执行死刑没有及时通知犯人家属而不满的网民的强烈反感和广泛质疑。可谓一语激起千层浪。

尽管该法院官博随后迅速删除了这条微博，并致歉称"今天由于微博管理人员对刑事法律学习钻研不够，想当然办事，面对网上舆论不淡定，导致发出了一条错误信息并在领导发现后删除。我们对一线工作人员提出了严厉的批评。特此向网友和公众道歉。今后工作中我们将要求编发信息的人员加强学习，不再犯类似错误。欢迎继续监督"。但是网民对这样的道歉并不买账，不仅质疑"法院的新闻发布人员也不懂法，太不该了"，而且搜出了法院院长的简历，并开始质疑院长的专业水准。

除了普通网民质疑该官博的发言人水平，《人民日报》、央视财经、凤凰网等媒体也开始发表微博提出尖锐批评。如《人民日报》的法人微博发表题为"你好，明天"的微博评论，"湖南一名死刑犯的临刑际遇引发关注：未见家人，没有通知，如此行刑是否有违法理人道？面对质疑，仓促应对，又如何让公众口服心服？实事求是才能维护公信，敷衍塞责只会越描越黑。司法机关，请拿出直面问题的勇气。你们的每一次裁决，都可能成为司法进步的台阶，也可能让公平正义远离！"央视财经微博称，"这是一条被删掉的微博也是一条删不掉的微博"。凤凰网称，"2013年年度微博已经产生，自删也没用"。[①]

一些专业人士也纷纷对如此发言水平提出质疑，如一位网名为"新闻不发炎"的南方某市政府新闻发言人发表微博对此事评论：公权力缺乏媒介素养将导致舆论灾难。当新闻当事人通过微博等新媒体表达诉求，对官方会形成巨大压力。在公共事件中，只有民众的声音，而相关部门缺席，或者不缺席但因为缺乏媒介素养应对不当——撒谎或者胡说八道，对公权力都将是一场舆论灾难。[②]

出现应急事件，有关部门及时做出回应，本意是想缓解危机，及时疏导舆论，结果由于自己的新闻发言人缺少本行业、领域必要的专业知识，说了有违专业常识的外行话，不仅没有缓解公众对立情绪，反而火上浇油，引发了更大规模的舆论批评和信任危机。这是涉事机构和发言人都不愿意看到的，但是新闻发言工作往往就像人生一样没有彩排，一言既失，往往难以挽回。

一个专门或专业领域的新闻发言人除了要具备普通新闻发言人必须具备的新闻传播知识等专业素养和基本的人文精神与科学素养之外，一定不能忽视自身领域专业知识的培养。只有精通专业才能分辨是非真伪，只有精通专业才更有说服力和影响力，也只有精通专业在专门的新闻发言领域才更有发展潜力。

在该微博发言事件发生的2013年，国内通用型的新闻发言人培养和培训工作已经具备一定基础，但是，针对专门领域和行业的新闻发言人培养和培训工作还没有引起重视，有必要将具备一定专业专门知识，同时又具备新闻发言水平的专业或专门领域的新闻发言人培养工作尽快提上日程，以便满足专业或专门领域的新闻发言需求，更好地服务公众。

---

① 热门微博. 2013年年度微博已经产生，自删也没用. (2013-07-14)[2024-11-18]. https://weibo.com/2257175873/zFTmkwEbw.
② 新闻不发炎. 公权力缺媒介素养将导致舆论灾难. (2013-07-15)[2024-11-18]. https://weibo.com/1666143645/A08zt78TJ?refer_flag=1001030103.

从货郎挑子到直播带货：网红营销历史与发展的冷思考

　　线下的"地摊"没有火，网上的"地摊"却人气大增。当前直播带货受到商家和用户的追捧程度从营销规模、直播商户和消费用户数量可窥一斑。

　　中国互联网络信息中心发布的第45次《中国互联网络发展状况统计报告》也显示了直播经济的兴旺。报告数据显示，截至2020年3月，我国网络直播用户规模达5.60亿，占网民整体规模的62.0%。其中，电商直播用户数量达到2.65亿，占整体网民数量的29.3%。当时，更有人大胆预测，预计到2021年，"直播电商的交易额有望突破2.5万亿元，约占互联网电商总量的20%，全国将涌现200万到300万个直播间，新增就业约2000万个"[1]。

　　巨大的利益蛋糕促使电商、直播、短视频和社交媒体平台纷纷试水直播带货业务。除了淘宝、京东、拼多多等电商平台，抖音、快手、微博、小红书、B站、虎牙、花椒、斗鱼等均开设直播带货平台。

一、直播带货从"货郎"到网红的暴发史

　　从促销传播手段来看，沿街叫卖是最古老的"直播带货"形式。挑着针头线脑、日用杂品，走村串巷，摇着拨浪鼓吸引人们前来选货购买的"货郎"是最早的"流量王"，是直播带货网红的始祖。而定期到闹市村头通过街头杂耍来促销跌打损伤药品，也算是有相对固定"坑位"的"直播带货"方式。

　　从古代的绘画艺术作品"货郎图"来看，货郎在古代受城乡妇孺的欢迎程

---

① 吴晓波. 直播电商也许是这么回事. (2020-06-16)[2024-08-26]. https://www.thepaper.cn/newsDetail_forward_7848527.

度绝不亚于今天的男女带货主播。宋代名画李嵩的《货郎图》描绘的就是一幅货郎挑着担，摇着鼓，微笑"带货"，一群妇女儿童争相奔走，前往围观"播主"带货的场面。在古代戏曲中，女性因为和货郎产生感情，跟着货郎远走他乡的爱情故事也不鲜见。至今还在传唱的土家族民歌《黄四姐》讲的就是一个土家族姑娘黄四姐（黄幺姑）爱上一个俊俏的外地货郎哥的故事。在关汉卿《赵盼儿风月救风尘》等元杂剧中均有货郎的人物形象。

在《拾遗录》中还记载了一则汉代"网红"在街头帮人抄写书信，靠颜值吸金发家致富的故事。说的是东汉安帝时，琅琊郡一个读书人王溥因为家道衰落，无钱买官做官，只能夹着竹简，到洛阳市中帮人抄写书信，因为颜值高，文采好，街头男女纷纷慷慨"打赏"购买其带货的抄本（书）——"为人美形貌，又多文词，僦其书者，丈夫赐其衣冠，妇人遗其金玉"。帅哥王溥每次街头"直播带货"都吸引巨大人气和现金"流量"，很快就成了"京城"富豪——"一日之中，衣宝盈车而归。积粟十廪，九族宗亲，莫不仰其衣食，洛阳称为善而富也"。

现代意义上的直播带货是在大众媒体出现以后，兴起于 20 世纪七八十年代发达国家的电视购物。早在 1982 年美国就成立了全球第一家电视购物公司，美国家庭购物网 HSN（Home Shopping Network）。国内的电视购物始于 20 世纪 90 年代。1992 年广东电视台珠江频道播出了中国大陆第一个电视购物节目，1996年北京电视台开播大陆第一个电视购物频道。

1994 年我国接入互联网后，正式进入了网络时代。除了作为信息交流和休闲娱乐工具，互联网的商务交流功能也逐渐得到发展。1998 年 3 月，中国第一笔金额只有 100 元的互联网网上交易成功，交易物品是世纪互联通信技术有限公司的上网时间。

由于早期互联网发展受到电脑硬件、信息技术、带宽和上网费用等限制，网络传播内容主要以图文和需要下载播放的延时性视频为主。直到我国接入互联网 10 年后，网络直播才开始兴起。随着信息技术发展，2005 年后，视频直播类网站开始发展。2005 年，仿照韩国的视频聊天"十人房"模式，以供陌生人网络交友为主要目的的网络视频互动平台 9158（谐音"就约我吧"）在杭州创办，开创了真人实时视频娱乐交友模式。2006 年 3 月，在线演艺平台北京六间房创办。2008 年 YY 语音直播软件推出，2010 年开创娱乐直播打赏模式。至此，形成了 9158+六间房+YY 三足鼎立的互联网秀场直播格局。

随着 2012 年和 2014 年 YY 与 9158 先后分别在美国和中国香港上市，网络直播进入快速发展时期。新浪秀场、龙珠、熊猫、映客、花椒、斗鱼、战旗、虎牙等直播平台相继开办。截至 2018 年 4 月，据不完全统计，"全国已经有直播平台 200 余个，用户 3.25 亿"[①]。

大约在 2016 年，网络直播不再满足于植入广告和粉丝打赏的盈利模式，而是开启了直接利用主播影响力引导粉丝购物的"直播+电商"带货变现新模式。2016 年 3 月，国内最大的电商平台淘宝更是直接涉足直播，开办了专门依靠直播带货的淘宝直播，并且专门挑选了一批形象、气质较好，有一定粉丝量和直播带货潜力的"淘女郎"进行视频直播培训。一大批直播带货人才都与淘宝直播的培养有关。淘宝直播除了作为一个电商直播平台，还延续了淘宝网在 2010 年就开始实施的"淘女郎"项目的带货网红培养模式。

直播带货模式也为淘宝平台带来了巨大的电商效益。艾媒咨询的报告显示，"2019 年'双 11'全天淘宝直播带动成交近 200 亿元，其中，亿元直播间超过 10 个，千万元直播间超过 100 个"[②]。2020 年的"6·18"购物节期间，淘宝直播同样表现不凡。"6 月 1 日，淘宝直播 1 天成交 51 亿元；6 月 18 日，15 个直播间成交过 1 亿元。"[③]

二、直播带货的营销火爆的背后是情感诱导和情感消费

直播带货平台按照直播带货前的"出身"和运营特性可以分成两类：一类本身是内容平台，如抖音、快手、微博等，这类直播平台创办之初就是为了分享优质社交内容，主要目的是通过吸引粉丝关注、植入广告或吸引粉丝打赏，实现流量变现的，其本质是传统媒体注意力经济盈利模式的社交媒体化。另一类出身于电商平台，如淘宝、京东、拼多多等，其本身是依靠搭建店铺平台，通过在网上展示、推荐商品吸引用户购买或吸引商户入驻，直接获取营销差价或间接与经销商户分成来盈利。

① 魏艳.零基础学短视频直播营销与运营（实践案例版）.北京：化学工业出版社，2019：7.
② 艾媒咨询.2020—2021 年中国直播电商行业运行大数据分析及趋势研究报告.(2020-02-12)[2024-08-26].https://www.iimedia.cn/c400/68945.html.
③ 199IT.天猫 618 淘宝直播创新报告.(2020-06-23)[2024-08-26].http://www.199it.com/archives/1069141.html.

第一类直播带货模式，因为从做直播出发，中途看到了直播可以带货变现的商机，于是搭上了带货的车，走上了直播带货的路。这类直播通常被称作"直播+电商"模式。第二类直播带货模式，本身出发时是奔着电商的路走下去的，但是中途看到了视频直播吸引人气的魔力，于是搭上一批有颜值能带货的网红，走上了带货直播的路。这类直播通常被称为"电商+直播"模式。

不管是靠直播内容起家的"直播+电商"模式，还是靠电商卖货起家的"电商+直播"模式，其直播的根本目的都是冲着推销商品、带货变现去的。而数量庞大的粉丝之所以能够乖乖地趴在屏幕前面，温顺地任由直播平台、商家和网红们联手"薅羊毛""种草"，其很大原因是直播平台和网红们合谋使用了带货营销的撒手锏——情感诱导，甚至不乏情感误导。

问世间情为何物，直教人以身相许。唤起情感是广告推广和产品营销的一条成功的捷径，也是商家屡试不爽的营销法宝。相关心理研究也表明，越是年龄和文化程度低的人，越容易受到情感唤起的影响。美国政治心理学家乔恩·艾尔斯特（Jon Elster）认为，"情感是如此重要，因为如果我们没有情感，那么其他的一切都不重要了……客观地说，情感之所以重要，是因为如果不从情感的棱镜来观察，人类的许多行为都是不理智的"[1]。情感在营销中具有"刺激购买兴趣、引导选择、唤起购买动机以及影响未来的购买决定"等作用，情感具有"加强欲望和渴望，也加强动机"[2]的功能。

美国情感营销专家斯科特·罗比内特（Scott Robinette）在他的书中这样强调情感在营销中的功能："假如你能够在你的营销战略中增添一个成分，你相信它能让你的品牌从竞争中脱颖而出，使你的顾客更为忠诚，并最终为你带来利润的增长，这个成分是什么呢？……这个成分就是情感。不是它的日常的意义——不可捉摸、不理智、多愁善感——而是作为一种能够激励顾客行动的力量，激励顾客购买，激励他们'黏着'你。"[3]

当前直播带货之所以有这么大的魅力，就是因为其利用了粉丝"黏着"网红的黏性，而直播的网红们所采用的带货法宝，也就是情感唤起、情感诱导。

---

① 约翰·奥桑尼斯，尼古拉斯·杰克逊·奥桑尼斯.营销中的情感力量.池娟，等，译.北京：中国金融出版社，2004：1.

② 约翰·奥桑尼斯，尼古拉斯·杰克逊·奥桑尼斯.营销中的情感力量.池娟，等，译.北京：中国金融出版社，2004：1.

③ 斯科特·罗比内特.情感营销：豪马公司赢得终身客户的营销技巧.鲁虎，等，译.北京：华夏出版社，2001：4-5.

想想主播们简单粗暴的语言，夸张情绪化的表情和肢体动作，还有夸张的语言风格，就知道情感在带货中所起的作用了。

直播带货的消费者（粉丝）很多是在网红主播（偶像）的情感诱导下产生购买冲动，并做出消费行为。与其说这种冲着主播魅力（颜值）产生的购买行为是商品消费，不如说是情感消费。

现实生活中，一些被情感诱惑失去理性的粉丝，为了明星偶像可以不计时间、金钱，实现自己见到偶像或者获取其他偶像信息的情感消费目的。何况在网红（偶像）发起的直播带货中，粉丝不仅能够实现自己每天和偶像"面对面"的愿望，还能"轻松"获得自己偶像日常使用的"同款"产品呢！这种在通过追星（看偶像直播）获得精神愉悦的同时，又能通过偶像带货（叫卖商品）获得物质利益的直播消费方式，对于有着深切偶像情感需求的粉丝来说，实在是"一举两得"又"天下难得"的大好事。

三、敢问路在何方，直播带货能走多远

在当前直播带货日益火爆，社交媒体、视频直播等内容生产平台和电商购物平台纷纷发力直播带货，传统电视、网络，甚至报刊等媒体也争相试水孵化网红、直播带货，或开办直播账号，或搭建专业化直播平台，或创办直播带货的MCN机构的情况下，再加上众多商家、个体和商业化的MCN运营机构等也争相想在直播带货中分一杯羹，直播带货的路到底还能走多远，直播带货的路上究竟还能挤下多少带货的"车"成了一个值得注意的问题。

据淘宝直播提供的数据，2019 年淘宝直播开播的账号数量比 2018 年增加了100%，全民直播时代已经到来，"有 100 多种职业转战淘宝直播间，无论达人身份还是商家身份，都在新风口的驱动下大量入场"[①]。除了淘宝直播，目前全国开办直播平台在 2017 年已经超过 270 家，几乎都不放弃直播的带货功能。有数据显示，"截至 6 月 19 日，以工商登记为准，我国今年共新增直播相关企业近 6千家，较去年同期相比，同比增长 258%"，全国公开注册登记的企业中，"目前

---

① 阿里研究院. 2020 淘宝直播新经济报告. (2020-04-01)[2024-08-26]. https://www.100ec.cn/detail--6550736.html.

有 1.5 万余家企业名称、经营范围或品牌名称含'直播'"①。

看到商业利益，不顾自身情况一哄而上是我们一些经营机构，特别是产权和经营权分离，决策人不用对资产流失负有太多责任的国有经营机构的做法，而一些传统媒体机构恰恰就属于这种经营性质。传统广播电视、报纸、互联网目前在转型升级和媒介融合的双重动力驱动下，加上天然具有内容生产以及主持人、主播培养的便利，很容易在带货直播的路上迷失自己，但其究竟能否通过直播带货分得一块蛋糕，恐怕多数未必如愿。毕竟对以信息服务为主要特长，以新闻宣传和舆论引导为主要职能的传统媒体，带货并不是自己的主业，也非自身的强项。千万不要种了别人的田，荒了自己的地。

即便是商业性直播平台、商业经营机构和经营个体，在直播带货已经成了一片"红海"的情况下，是否能够还给后来者留一片生存之地，也值得考虑。2020 年 6 月份界面新闻发布一篇题为《挣 30 万亏 500 万，大批 MCN 倒在去直播带货的路上》的报道称，根据一家自媒体联盟副总裁"对覆盖头腰尾多梯队的 300—400 家 MCN 机构的微型调查，截止到 2020 年 3 月，其中有近 200 家 MCN 机构面临倒闭或已经倒闭，比例超过了 50%"。②我当时针对这条新闻在微博上发过这样一条评论"一条路走的人太多了，也就没有了路"。

尽管直播带货具有商品呈现方式直观新颖、购物体验愉悦、购买简单直接等诸多便利，但是带货直播的营销模式、理念和实际操作，仍然有很多问题值得注意。

首先，直播带货的模式在商品营销中本质上并不新鲜，只不过是传统街头叫卖、电视购物在互联网上的升级版。商品营销更多还是在于产品质量、商品价格和购买的便利性，而不仅是售卖方式的简单翻新。无论是按照美国营销学学者杰罗姆·麦卡锡（Jerome McCarthy）提出的产品（product）、价格（price）、渠道（place）和促销（promotion）的 4P 理论，还是美国营销专家罗伯特·劳特朋（Robert F. Lauterborn）提出的消费者（customer）、成本（cost）、便利（convenience）和沟通（communication）的 4C 理论，直播带货只是促销或沟通手段中的一种方式，并不是营销的全部，更不是根本性的营销创新。有人这样

---

① 网易科技. 全民直播带货! 中国今年新增直播企业近六千家. (2020-06-19)[2024-08-26]. http://tech.163.com/20/0619/14/FFG7N9L200097U7R.html.

② 姜菁玲，柯晓斌. 挣 30 万亏 500 万，大批 MCN 倒在去直播带货的路上. (2020-06-03)[2024-08-26]. https://www.36kr.com/p/735309988693897.

评价直播带货的营销模式，"这种近乎夸张的销售技巧会把用户预期拉升。用户在实际使用产品时，即便产品质量十足，也很难得到超预期的满意，甚至根本不满"①。

直播带货在营销理念上，主要是利用主播、网红对于粉丝的情感诱导和操纵，来激发或诱发粉丝的消费动机。通过夸张式、煽动式的语言来鼓动粉丝消费，如果不能提供真正价廉物美、粉丝需要的商品，实质上是在透支粉丝对偶像的信任，消费甚至欺骗粉丝对偶像的情感和忠诚。久而久之，这种对粉丝情感的廉价消费，最终会为粉丝所识破。

网红频频在直播带货中出现"翻车"，出售假冒伪劣商品，甚至将带货变成"带祸"，而直播平台和市场监管机构又监管不到位等问题，也说明直播带货在实际操作中还有很多值得完善之处。不能任由一些直播网红通过带货赚了大笔"坑位"费，而使广大购物的粉丝纷纷成了被"坑"的对象。

四、直播网红，拿青春赌不起的明天

直播带货热中，值得我们思考的除了直播的发展前景，还有撑起直播产业不可忽视的一个主体——直播网红的职业发展问题。

在直播带货产业大发展的利益刺激下，目前至少有100多种职业的人员怀揣直播淘金的梦想进入带货的直播间。据淘宝直播统计，"80后""90后"是淘宝主播的核心力量，"90后"占比超过一半，而年龄最大的已经109岁，年龄最小的"00后"也登上了带货直播的舞台，其中，超过65%的主播是女性。②直播人员的数量虽然不如淘宝直播所说的"全民直播"，但是总量也在数十万。

由于直播对主播的要求总体门槛较低，需求大，部分头部主播收入具有诱惑力，一大批缺少其他职业技能的年轻人，特别是女性，大量涌入直播网红的发展之路。但是，能够成为头部网红，甚至能够以此谋生的人毕竟数量有限。即使能够立足，如何在激烈的市场竞争和直播带货的大潮中不被冲刷淘汰，也成了一个值得关注的问题。

① 郑光涛. 10万网红大战5亿网民，直播带货还能走多远?. 销售与管理，2019（15）：16-17.
② 阿里研究院. 2020淘宝直播新经济报告. (2020-04-01)[2024-08-26]. https://www.100ec.cn/detail--6550736.html.

PART
4

第四部分

媒介舆论与生态治理

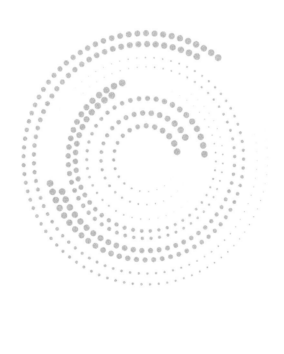

治理网络直播急需创新思路

网络直播火了，问题也来了。中国互联网络信息中心 2024 年 08 月 29 日发布的第 54 次《中国互联网络发展状况统计报告》显示，截至 2024 年 6 月，我国网络直播用户规模达 7.77 亿人，占网民整体的 70.6%。[①] 有关统计还显示，目前国内各类网络直播平台不下 200 家，一些大型网络直播平台注册用户过亿、月活跃用户超千万，高峰时段部分"房间"用户数可达数万人。网络直播从业人员目前还难以准确统计，但显然是一个规模可观的群体。

在网络直播开始日益火爆的同时，因为对新生传播形式疏于管理，网络直播因缺少约束而滋生的各种丑恶也开始显现。

为了整治网络直播平台乱象，国家网信办于 2016 年 11 月 4 日专门发布了《互联网直播服务管理规定》。此前，文化部和国家新闻出版广电总局也分别发布了《关于加强网络表演管理工作的通知》和《关于加强网络视听节目直播服务管理有关问题的通知》。治理网络直播领域出现的问题看似有法可依了，但由于网络直播方式的分散性、隐蔽性，直播主体的多样性、混杂性，难以采用技术手段加以监控，加之现有治理监管主体涉及多家部门，权责交叉，仅靠打补丁式地出台发布一些规定、通知，难以实现有效治理，亟须从治理思路、制度和管理机制上进行创新。

首先，加强治理机构整合，改变政出多门、监管乏力现象。目前负责网络直播的监管机构涉及网信办、新闻出版、广电、文化、公安、宣传、信息化、工商等多个部门，按照传统媒体管理的思路，涉及新闻图文直播的由新闻出版部门负责，涉及新闻视频直播的由广电部门负责，涉及网络表演直播的由文化

---

① 中国互联网络信息中心. 第 54 次《中国互联网络发展状况统计报告》. (2024-08-29)[2024-11-20]. https://www.cnnic.net.cn/n4/2024/0829/c88-11065.html.

部门负责，涉及国家安全和意识形态的分别由公安和宣传部门负责，至于网络平台运营、网络增值服务和广告等又涉及网信办、信息化和工商等部门。在当前新媒体业务已经深度融合，内容生产门类流程已经不再泾渭分明的情况下，仍然依靠传统的部门职权分工方式，不仅难以适应当前媒介融合形势，而且多部门多头管理，还会造成权责不清、推诿扯皮和行政资源浪费等诸多问题。

其次，加强法律法规统一整合，改变当前法规零散的现象。目前直接涉及网络直播的法规除了新制定的《互联网直播服务管理规定》，还有《关于进一步加强网络剧、微电影等网络视听节目管理的通知》《互联网等信息网络传播视听节目管理办法》《互联网视听节目服务管理规定》《互联网视听节目服务业务分类目录》等近十条相关通知、规定。间接相关的也有《互联网管理条例》等。这还不包括散布在宪法、刑法、民法，以及相关司法解释等众多法律条文中关于信息传播的规定。就是研究新闻传播法规的人，往往对于从事互联网直播的众多法律条文很难完全厘清，更不用说那些没有受过专业新闻传播法规教育的网络主播和运营商们了，有必要尽快制定一个相对统一完整、便于操作执行的互联网与新媒体管理法规。

再次，根据网络直播用户规模和影响力进行分级，尽快实行网络直播职业准入制度。目前，传统媒体的从业者均已经实行职业准入制度，网络编辑职业准入也在试点筹划中，网络直播作为一个影响力不断提升的传播手段，其从业人员也应实行职业资格准入制度。但是，对所有正式或非正式、专业或业余的网络直播从业人员均实行职业准入，不仅不现实，而且没有必要。符合媒介管理发展趋势和现实环境的做法是对网络直播进行分类，那些从事新闻直播等和意识形态密切相关，以及那些规模较大、用户数量较多、影响力较大的网络直播需要加强管理，对其从业人员可以参照新闻、出版从业人员管理经验，实行全国统一的职业资格培训、考试和准入制度。

当然，网络直播是一个新生传播形态，对其进行有效治理不仅要依靠法律、制度和管理机制的创新优化，还要通过加强行业自律、社会监管和公众素质提升等多种手段来改善网络直播生态，借助国家机构、网络媒介和社会公众的多方力量进行综合治理。

网络与新媒体治理应加强顶层设计

从 2017 年 10 月 8 日起，群主身上的担子更重了。"谁建群谁负责""谁管理谁负责""群主失职要担责""群主不管群会摊上大事"等，各种有关《互联网群组信息服务管理规定》即将实施的报道使得群主不作为的时代一去不复返了。一些负责任的群主甚至雷厉风行地在群里开始约法三章，发布了"政治敏感话题不发""涉黄、涉毒、涉爆等不发"等群规。从这一点来看，群组管理规定的发布，补上了网络群组管理这块短板，对于有效管理网络群组，构建更加和谐健康的网络生态是有效的，也是必要的。

除了因媒体的大量报道而引起广泛关注的互联网群组管理规定外，如果对于国内互联网和新媒体治理比较关注，你还会发现国家互联网管理部门几乎同时发布的规章并不只有这一部。管理部门接连发布了《互联网跟帖评论服务管理规定》《互联网论坛社区服务管理规定》《互联网用户公众账号信息服务管理规定》和《互联网群组信息服务管理规定》四项有关网络和新媒体管理的规定。这些管理规定与之前发布的《互联网新闻信息服务管理规定》《互联网直播服务管理规定》《互联网信息搜索服务管理规定》等一起，基本上为当前互联网和新媒体管理的方方面面定了规矩。

这种出现一个新媒体问题就制定一个规定，发现一个漏洞就打上一个"补丁"、升级一下"杀毒软件"或"运行系统"的做法，也确实有一定效果，但是，从长远来看，这种不断"打补丁"的做法很可能只是权宜之计。毕竟，网络和新媒体发展日新月异，新的媒体形态和新的传播手段不断出现。如果直播出现后制定一个直播规定，公众号出现后制定一个公众号规定，群组和跟帖评论火了之后制定一个群组和跟帖评论规定，那么还有知乎、问答、头条、贴吧、说说、弹幕、客户端、云共享等新的传播手段，这些是不是都要制定一些规则呢？

出现一个媒体问题就制定一个规定、发布一个通知、打上一个"补丁"的做法，看似把网络与新媒体的"篱笆"扎牢了，但是，这个"篱笆"也变得越来越笨拙，变成一个补丁摞一个补丁，未必是真正结实的"篱笆"。

仔细研究一下我国有关网络和新媒体管理的法规数量就会发现，相关法规已经很多了。2007年前有研究统计，从1991年国务院出台《计算机软件保护条例》到2006年，我国已经颁布的全国层面的互联网法律、法规、司法解释和规范性文件就有87个。事实上，这个统计不仅未必全面，而且没有包括众多地方性的法规和同样行使互联网管理职能的数量可观的文件。

随着网络与新媒体的快速发展，特别是微博、微信等新媒体的涌现，加之国家对于网络安全和虚拟社会治理的更加重视，有关网络与新媒体管理的法规更是层出不穷。由于现在还没有一个完善的有关互联网管理法规的条目，究竟有多少有关网络与新媒体管理的法规文件还无法准确统计。

从网络与新媒体管理的长远利益和实际效果出发，也从网络与新媒体技术和形态快速迭代的实际出发，我们在互联网治理上更应该加强前瞻性和宏观性的顶层设计，而不是不断通过"打补丁""扎篱笆"的方式来管理各种新的媒体问题。鉴于我们目前除《中华人民共和国网络安全法》之外，尚没有一个整体宏观层面的互联网管理法规，有必要制定一个互联网传播法或者互联网内容管理法。如德国1997年就制定了被称为世界上第一部网络专门法的《为信息与电信服务确立基本规范的联邦法》（又称"多媒体法"），澳大利亚则制定了《互联网内容法规》。

考虑到一些现实问题，在短期内制定一个统一的互联网传播法有难度的情况下，不妨效仿网络安全法的做法，先制定一个互联网内容管理法。有了一个系统的互联网传播或内容管理法，不仅便于普法执法，便于公众知法和守法，而且可以避免多部门制定法规出现条文冲突"打架"的现象，还能减少法规制定上的重复劳动，避免为管理新出现问题而不断"打补丁"、疲于应对新问题的被动局面，从而使得互联网治理能有一个更加高效的法律规范。

2013年，习近平总书记曾经深刻地指出当前互联网管理中存在的问题，"从实践看，面对互联网技术和应用飞速发展，现行管理体制存在明显弊端，主要是多头管理、职能交叉、权责不一、效率不高。同时，随着互联网媒体属性越来越强，网上媒体管理和产业管理远远跟不上形势发展变化"①。加强互联网管理，建设更加健康、绿色的网络生态，必须创新思维，加强互联网立法的顶层设计。

---

① 习近平：关于《中共中央关于全面深化改革若干重大问题的决定》的说明. 人民日报，2013-11-16(01).

互联网应用应加强用户安全保障

2018 年 5 月 6 日发生在郑州的空姐打车遇害案，再次引发了人们对于当前各种互联网应用的用户安全问题的担忧。

随着近年来互联网普及率的不断攀升，互联网，特别是移动互联网已经将触角延伸到人们社会生活的方方面面，成了人们生活、消费、娱乐和社会交往须臾难以离开的工具。在"互联网+"的强力驱动下，人们的现实生活方式、传统的产业消费模式，也逐渐从网下迁移到网上，甚至上升到"云"端。

这张网在给我们带来诸多便利的同时，也给我们带来了诸多问题，特别是在潜在和现实的巨额经济利益驱动下，用户（消费者）的信息安全、人身安全、精神安全、财产安全等各种应该保障的权利被让位为利润增长和企业发展的需要。这样一张没有安全保障、没有责任担当的网，也就成了套在用户（消费者）身上的枷锁，甚至是绞索。

在各种各样的"互联网+"面前，用户（消费者）在信息安全和隐私上早已成了"裸体人"，在人身和财产安全上则成了弱势的"低保障群体"。该需要的信息，可要可不要的信息，还有那些根本就不需要的信息，全都被各种互联网应用、大数据、人工智能以各种各样的目的收集、挖掘、存储在各种各样的个人和机构手中，随时有可能流传在互联网中，为不法分子所用。

任何一个有过网络使用经历的人，可能都会面临着这样一个"险境"。你在互联网上浸淫越久，你失去的隐私就越多，你"裸奔"的时间就越长，你"裸"得就越彻底。你的电话、你的ID、你的家庭住址、你的兴趣习惯、你的好友亲属、你的公司职业，还有你的身份证、银行卡，你的照片、视频等，都已经不在你的掌控之中。

而随着互联网、大数据和人工智能的快速发展，随着各种各样新型互联网应用的兴起，互联网对各种各样涉及人身和财产安全信息的榨取变本加厉，花样百出。你傻乎乎手持身份证的照片被以各种各样实名认证的名义要走了，你各种不情愿的街头大头照被各种安全检查的人拍走了，你自觉或不自觉的脸面被以检票、借书，甚至进出小区等原因"刷"走了，你街头出行、户外活动的影像也因各种"实景"和监控镜头公开在世人面前，甚至你在家中等私人空间的活动，也因为你使用了某种用来安全监控的摄像头，而被播放到某个直播平台，成了人们观赏、品评的对象和谈资。

更滑稽的是，很多互联网应用还以维护和保障你隐私和安全的名义，侵犯你的隐私和安全。它以帮你杀毒的名义获取你手机或者电脑里的资料，它以帮你整理文件和桌面的名义窃取你的隐私，它以免费给你提供服务的名义收集你的各种数据。它甚至以帮你安全监控的名义窥视并贩卖你的一举一动。这些应用利用你对信息技术的一知半解和对互联网的难舍难分，变着花样，挂着为你服务的"羊头"，卖着欺骗你、伤害你的"狗肉"。

各种各样的互联网经济和互联网应用，在利益面前已经忘了自己的责任和初心，透支了人们的信任，绑架了人们的生活。

除了网约车，目前网购、快递和网络支付领域因为涉及人员面广量大、与人们生活关联密切，且掌握关系人的人身、财产安全的信息数量较多，同样存在较大的用户安全隐患。不久前一个客户因为网购不愉快给了差评，被卖家威胁的案例，以及各种因为发网购差评，用户被卖家暴打、威胁、辱骂的案例，都说明目前网络购物这种卖家能够直接掌握用户身份、地址等安全信息的模式存在很大的安全隐患。

随着人们的日常生活、社会交往、休闲娱乐和经营消费活动逐渐从网下移到网上，从现实空间延伸到虚拟空间，除了众多互联网机构急需加强社会责任意识，加强对用户信息、人身和财产安全的保护外，有关政府监管部门也应该拿出切实举措，充分重视对各种涉及人们切身利益的互联网应用的监管，以便更好地保障人们的人身和财产安全，让"互联网＋"更好地服务社会，造福人类。

不能热了舆情监控冷了舆论监督

　　和谐社会的建设中，提高行政效率、建设廉洁高效的政府运行体系，舆论监督十分重要。2019 年笔者浏览一些网站发现，不少网站一度纷纷开办的论坛、博客、评论等栏目、频道都相继关闭了。在报纸、电视等传统媒体领域，一度受到欢迎的记者调查和新闻评论等舆论监督类的栏目或版面，也都渐渐消失了。有的即使还在继续开办，却也不再以批评监督为特色。

　　与论坛、评论等舆论监督类栏目、版面式微相对应的是舆情监控领域的火爆。一些网站纷纷利用互联网技术优势，开设了舆情监控栏目，开办了舆情监控业务。如某省级网站的舆情频道就宣称，"依托自主研发的舆情监控系统，对新闻网站、新闻跟帖、论坛、博客、微博、各大报纸电子版等进行 24 小时不间断监控，对信息进行跟踪、分析、研判。为客户提供最快、最全、最准的舆情信息服务和权威、专业的舆情咨询服务"。一些传统媒体也不甘落后，争相采购舆情监测系统，开展舆情分析和研究服务，完全不顾自己的本职和特长。

　　舆论监督和舆情监控看似都是在做舆论工作，实质上却有本质差别。虽然有些舆情监控的目的是从社会稳定出发研究分析社会舆论问题，防范可能出现的社会风险。有的舆情监测机构甚至利用优势，为客户提供危机公关的服务。而舆论监督则是出于媒体铁肩担道义的职责，激浊扬清，为百姓鼓与呼。

　　舆论监督是媒体重要的职能，也是媒体呼应群众关切的重要手段。媒体的主要职能除了传播信息、传递知识、提供娱乐和刊登广告以外，还有一个重要职能就是反映舆论、引导舆论。其中，反映舆论，除了反映积极正面的宣传舆论，还要尽可能客观公正地反映普通百姓对于政府机关部门的批评、建议、意见和看法，还要敢于主动为百姓代言，揭露批评一些危害群众利益的各种丑恶现象。如此既履行了媒体应尽的职能，也拉近了和百姓的距离，从而能获得百姓的认同和支持。

加强舆论监督，还具有提高政府工作效率，预防腐败，减少一些政府部门不作为、乱作为的重要作用。一些地方部门办事拖拉，对群众的合理建议和要求爱理不理，不担当，无作为，还有一些领导干部有特权意识，不愿严格要求自己，部分是因为广大群众和媒体对他们的监督力度不够。四川、山东、海南等地通过文件和会议形式，明确提出要加强舆论监督，希望通过舆论监督来提高政府效能，打造廉洁政府。如海南省提出"将成立舆论监督促进小组"，让"媒体发挥啄木鸟作用"，来促进中央和本级政府政策落实。

有人认为，建设和谐社会不需要舆论监督，或者舆论监督类"负面新闻"越少越好。其实，这是对舆论监督职能的误解和对其重要性认识的不足。舆论监督既有反映社会问题、将社会问题解决在萌芽初始状态的重要作用，还有疏解社会郁结心理、消除日常舆论压力的"减压阀"作用。愈是强调社会和谐稳定，愈要加强舆论监督。

加强舆论监督工作，是党和国家治国理政的重要传统。不论是革命年代，还是和平建设年代，党和国家都十分注重舆论监督工作。习近平同志早在2004年就专门写过一篇题为《领导干部要欢迎舆论监督》的文章，文中指出："各级领导干部都要欢迎舆论监督，主动接受舆论监督，通过运用舆论监督，改正缺点和错误，努力把工作做得更好。"[①]习近平总书记在中国共产党第十九次全国代表大会上的报告中指出："构建党统一指挥、全面覆盖、权威高效的监督体系，把党内监督同国家机关监督、民主监督、司法监督、群众监督、舆论监督贯通起来，增强监督合力。"[②]这也说明加强舆论监督工作和我们建设和谐社会的目标是相辅相成的，并不矛盾。

过度强调舆情监测、监控，忽视舆论表达与监督，还会产生不可估量的社会危害。首先，不论是上级政府还是基层政府，甚至一些基层部门，都把力气花在监测网上舆情上，不仅耗费大量人力物力，浪费钱财，加重财政负担，而且将本来可以用来直接解决社会现实矛盾的人力、物力耗费在虚拟社会中。其二，过度重视网上舆情而忽视现实问题是本末倒置。网上各种舆论舆情不是凭空形成的，而是社会现实矛盾的反映。社会现实出现问题，不从现实中解决，而是在网上监控、删帖，实质是逃避现实。其三，一些单位和部门舆情监测动机

---

① 习近平. 领导干部要欢迎舆论监督. 西部大开发，2013（8）：4.
② 习近平在中国共产党第十九次全国代表大会上的报告. (2017-10-28)[2021-08-19]. https://jhsjk. people.cn/article/29613660.

不良，不是为了发现社会问题和矛盾，而是为了维护领导形象，消除网上对领导政绩和升迁有负面影响的言论。如此不仅劳民伤财，还助长腐败和不良的政绩观。不仅如此，过度监测、控制、压制舆论，而不是尊重正常的舆论监督和表达，还容易形成更大的舆论问题。

一些媒体热衷搞舆情监测服务带来的经济效益，而忽视舆论监督产生的社会效益，很容易产生"种了别人的地，荒了自己的田"的不良效果。长此以往，不仅会导致政府行政效率低下，还会冷了读者的心，在读者中失去立身之地。

个人信息保护需加大力度创新思路

　　继 2018 年 3 月份媒体披露公安部破获一起盗卖泄露 50 亿条公民信息特大案件之后，2018 年 9 月媒体又爆出浙江温州瓯海警方截获百万张"手持身份证照"非法买卖案件。这说明个人信息泄露已经不是零星个案，泄露的也不是简单的手机号和邮箱地址了。而且这些已经破获的个人信息泄露案件还只是人们看到的"冰山一角"，那些还没有浮出水面的个人信息泄露程度，或许远远超乎我们的想象。

　　在个人信息保护方面，虽然目前国家制定的《中华人民共和国民法典》、《中华人民共和国刑法》（下文简称《刑法》）和《中华人民共和国网络安全法》（下文简称《网络安全法》），工业和信息化部颁布的《电信和互联网用户个人信息保护规定》和最高法出台的《关于审理利用信息网络侵害人身权益民事纠纷案件适用法律若干问题的规定》等法律法规均有个人信息保护的有关条款，但是现有法规对个人信息的保护力度、保护措施细化程度、保护方式和思路等方面还存在很大不足，以致这些法规出台实施后，个人信息泄露和非法买卖案件的多发态势仍然没有得到有效遏制。有必要创新思路进一步加大个人信息保护的法治力度。

　　建立信息获取分级制度，个人信息保护条款明确细化。虽然现有的《网络安全法》规定"网络运营者收集、使用个人信息，应当遵循合法、正当、必要的原则""网络运营者不得收集与其提供的服务无关的个人信息"，《电信和互联网用户个人信息保护规定》也有类似规定，但是哪些信息属于与服务无关的，哪些是正当必要的并没有明确规定。不仅如此，不论是大型商业网站，还是私人开发的小型App都可以采用同样的方法获取相同程度的用户个人信息。

　　由于目前从社会安全角度出发，线上线下出行、商务、金融、保健、物流等都需要获取用户的各种实名信息，不管这些机构规模大小、运行时间长短、信息保护措施优劣，你只要需要这些服务，就必须同样牺牲自己的各种隐私信息。小到微信、支付宝、电话号码，大到身份证号、银行卡号、家庭住址，甚至刷脸、按指纹等，都是你获取各种服务时可能需要提供的信息。

那些大型正规机构获取你的信息或许还会妥善保管，而那些小型的、短期存活的机构显然无法保障你的信息安全。因此，有必要在个人信息获取和安全保护上进一步明确规定信息获取内容、层次，同时对于不同的网络运行和社会服务机构进行分类，根据其不同业务和资质，规定其对用户信息获取的不同权限。

加强对个人信息保护事前监督力度，个人信息安全按流程监管。现有的个人信息保护大多是发现犯罪行为后的事后追惩，也就是说在抓住犯罪分子时，已经造成了一定社会危害，个人信息基本已经处于泄密失控状态。如2017年3月公安部破获的盗卖50亿条公民信息案，虽然案件破获了，但是这些个人信息已经在网络上流传，就已经处于"泄密"状态了。

从个人信息保护的有效性来看，事前保护远比事后追惩更有价值。有必要在信息安全保护的法律条款上加强信息保护的流程监管。只要涉及使用存储公民个人信息的机构在管理流程上存在漏洞，不管有无造成后果，都应该按照信息保护的法规条款加以监管处罚，以便未雨绸缪，防患未然。公安部破获的非法盗卖50亿条个人信息案件，主要就是因为尚处于试用期的网络工程师郑某鹏在工作期间，以及在其他互联网公司工作期间非法获取了这些公司的客户信息。

加大对个人信息泄露和非法收集售卖的"黑色产业链"的打击惩处力度。目前国家有关法律法规虽然明确规定了对非法使用和售卖个人信息的惩处性条款，但是，相比非法泄露和售卖个人信息给社会造成的危害，惩处打击力度还远远不够。如《网络安全法》规定："窃取或者以其他非法方式获取、非法出售或者非法向他人提供个人信息，尚不构成犯罪的，由公安机关没收违法所得，并处违法所得一倍以上十倍以下罚款，没有违法所得的，处一百万元以下罚款。"通常来说，这种罚款处罚措施很难对犯罪分子起到震慑作用。即使因非法获取出售个人信息构成犯罪的，按照《刑法》，"情节严重的，处三年以下有期徒刑或者拘役，并处或者单处罚金；情节特别严重的，处三年以上七年以下有期徒刑，并处罚金"。这仍然显得打击力度不足。

跳出现有个人信息分散认证思维，实行个人网络身份信息统一认证。目前网络、物流、交通、金融等很多线上线下活动均需要实名制，这些运营机构、平台和个人获取你的个人信息也就成了必然要求。但是，且不说这些机构、平台和个人的资质、规模和信用存在差异，导致个人信息获取后保护责任和能力各有不同。从目前众多个人信息被重复保存在众多不同平台这一点来看，这容易增加信息泄露的风险。其中任何一个节点出现问题，都会造成个人信息泄露。

既然目前信息实名制已成为生活必需，不妨由国家建立一个统一的个人信息存储识别平台，给每一个人建立一个加密的个人信息身份，这样不同的机构、平台和个人如果需要识别用户身份，就可以连接到这个更加安全的统一平台进行验证。即使这些众多分散的平台因为管理漏洞而泄露用户个人信息，泄露的也是一个经过加密保护、对不法分子无用的信息。如此，则可以从根本上起到保护个人信息的作用。

移动短视频应加强监管治理

在人们对信息传递和获取日益追求便利的情况下，移动短视频无疑是一个编码、解码省时、省力，传受便利，信息交换成本十分低廉的"理想"社交平台。在移动短视频平台上，传受双方都可以在知识、技能、智力等几乎是无门槛的情况下，轻松实现"交易"和"消费"。在这种崇尚"懒惰"的信息传受背景下，抖音、快手等一批移动短视频应用也应运而生，并在短时间内迅速做大。

据字节跳动副总裁张辅评在乌镇世界互联网大会透露，截至 2018 年 10 月，抖音国内日活跃用户已经突破 2 亿，月活跃用户突破了 4 亿，并继续保持高速增长。与此同时，抖音海外版 TikTok 在很多国家实现突破，整体国际化进展顺利，国外用户数量同样保持高速增长态势。

在以抖音、快手等为代表的移动短视频用户和内容数量高速增长的同时，移动短视频内容生产和推送中存在的问题也逐渐浮出水面。

从抖音、快手等面世后频频触碰国家广电总局和网信办的"红线"也可看出其中的问题。国家广电总局 2018 年 8 月公布的信息显示，继上半年联合北京市有关部门对多家视听网站突出问题开展系列整治工作后，按照国家广播电视总局再次要求，北京市文化市场行政执法总队分别对快手、西瓜视频、抖音、火山小视频等移动短视频开办单位存在的问题作出警告和罚款的行政处罚。在国家有关监管部门压力下，仅 7 月，抖音自己就通过自查自纠清理了 3.6 万条视频，封禁近 4 万个违规账号。

虽然一些主流媒体和政府机关也在抖音等移动短视频平台开办了"官抖"，使得这些"官抖"成为传播正能量和发挥舆论引导作用的工具，但是，这些传播正能量的"官抖"发布的内容在移动短视频平台的算法推送机制中很少被推送给用户，很难发挥应有的作用。不仅如此，这些"官抖"发布的严肃信息还很容易被移动短视频平台众多喧器的娱乐搞笑内容所淹没。

习近平总书记谈到企业社会责任时，曾经说过这样一句话："只有富有爱心的财富才是真正有意义的财富，只有积极承担社会责任的企业才是最有竞争力和生命力的企业。"[①]移动短视频平台在利用现代传播手段获取大量用户和商业利益的同时，更重要的是要加强对用户的爱心和社会责任建设。

不仅如此，国家有关部门，还要充分认识移动短视频平台所存在问题及其社会危害的严重性，加强对移动短视频平台的监督管理，弥补移动短视频企业自我约束的不足。同时，还要充分发动社会力量加强对移动短视频平台的监督和举报，让移动短视频平台成为一个风清气朗的社交媒体和文化空间。

---

① 习近平：在网络安全和信息化工作座谈会上的讲话. 人民日报，2016-04-26(02).

多维度加强网络生态深层治理

从 1994 年我国正式接入互联网以来，经过约 30 年的发展，我国网民总量已经超过 10 亿人，网站数量超过 400 万个，App 数量超过 300 万款，成为世界网民第一的互联网大国。互联网也已经嵌入人们生活的方方面面，成为人们工作、生活、教育、娱乐等难以离舍的工具和"伴侣"。与此同时，我们的物质和精神生活也常常被互联网看不见的手所操纵和绑架。我们在使用互联网的同时，也摆脱不了被网络所"使用"的命运，常常成为互联网驱使、奴役的工具，"愚乐"、围猎、操纵的对象。

随着我们对互联网依赖的增强，由网络构建的虚拟社会已经成为我们整体社会环境的重要组成部分，并且对现实社会产生着日益重要的影响。互联网中出现的价值引领不正确、文化品位不健康、网民素养不高雅、平台责任不到位等深层问题也逐渐暴露，网络文明建设成为社会文明建设一个容易忽视的短板。

2021 年，中共中央办公厅、国务院办公厅和国家互联网信息办公室先后出台了《关于加强网络文明建设的意见》《关于进一步压实网站平台信息内容管理主体责任的意见》两个加强网络文明建设和网络内容治理的重要文件，正是注意到网络文明对于社会文明的重要引领作用，以及当前网络文化中出现的不得不加强治理的新问题和新情况。

一、价值引领不足：当前网络生态出现的新问题和新情况

从现有法律法规数据库检索结果来看，2020 年我国中央和地方政府发布的直接相关网络与新媒体的法律法规多达 20000 余条。其中，题名直接包含"网络"的法规近 10000 条，直接包含"互联网"的法规文件近 6000 条，直接包含"网站"的法律法规还有超过 6000 条，直接包含"新媒体"的法律法规还有超

过 400 条。这尚且不包括宪法、刑法、民法、国家安全法等对网络与新媒体具有约束力的法律、法规具体条款。国家和地方政府对于互联网治理的法律法规不可谓不多，治理体系不可谓不健全。

早在 2000 年以国务院令形式颁布的《互联网信息服务管理办法》就明确规定了互联网信息传播不得违背宪法、危害国家安全、损害国家荣誉和利益、煽动民族仇恨、破坏国家宗教政策、散布谣言、传播淫秽色情、侮辱诽谤他人等九条禁令。随后政府又相继出台了《互联网等信息网络传播视听节目管理办法》《互联网视听节目服务管理规定》《互联网新闻信息服务管理规定》《网络信息内容生态治理规定》等直接涉及互联网信息内容发布的管理规定。

可以说，经过国家、社会和平台的多方综合治理，网络与新媒体中法律法规明令禁止的内容基本上很难有直接传播的可能。

但还存在一些问题。有的人为了自己支持的明星上榜，不惜鼓动粉丝做任务、刷数据、购物、充会员、参与应援集资、花钱买投票等，进行数据造假。有的人为了制造话题流量，引导粉丝互撕谩骂，甚至造谣攻击。有的人不顾未成年人身心健康，诱导未成年用户沉溺游戏、虚拟社交、应援集资、投票打榜、直播打赏，甚至通过出租账号等形式违规向未成年人提供网络游戏等服务。

这些问题不仅需要法律、法规对其进行规范治理，也需要社会价值、公众伦理、精神文明等层面的引导。

二、网络文明建设：重在多维度推进网络生态深层治理

面对当前虚拟网络世界出现的新情况、新问题，不能满足于简单的违法违规治理，而必须通过增加政治认同、提高社会综合文化素养的方式，从加强政治文明、社会文明的高度，加强网络生态的深层治理。

1. 从弘扬精神文明、满足美好生活的高度，加强网络生态治理

早在 2004 年，习近平同志在担任浙江省委书记期间，就在《浙江日报》的《之江新语》栏目发表文章，从"涉及亿万家庭的幸福，关系广大群众的根本利益"的高度，强调未成年人的健康成长的重要意义。他认为"互联网、手机等新兴媒体中传播的一些腐朽落后文化和有害信息，对未成年人的成长产生不良作用"，必须从"关系亿万家庭切身利益"的高度，把包括网络与新媒体不良有

害信息治理在内的未成年人思想道德建设"这项民心工程办实，把这项德政工程抓好"。[①]

在2016年的网络安全和信息化工作座谈会讲话中，习近平总书记指出："网络空间是亿万民众共同的精神家园。网络空间天朗气清、生态良好，符合人民利益。网络空间乌烟瘴气、生态恶化，不符合人民利益。谁都不愿生活在一个充斥着虚假、诈骗、攻击、谩骂、恐怖、色情、暴力的空间。"[②]这同样将网络治理提高到事关人民利益的高度。

网络文明是精神文明、社会文明的重要方面，是实现政治文明、物质文明的必然要求。《关于加强网络文明建设的意见》从推进精神文明、社会文明建设，从满足人民对美好生活的向往和建设网络强国等角度，强调加强网络文明建设重要性。加强网络文明建设，必须充分认识到网络文明建设的重要性与迫切性，加强网络生态治理。

2.从推进价值引领、增强文化认同的角度，加强网络生态深层治理

常规意义上的网络治理是清除网络上的违法、违规信息，是一种基本的浅层治理。没有违规、违法信息，也没有主流价值的彰显、核心价值观的弘扬，这不是互联网治理的目的，也不是网络文明建设的真实目的。加强网络治理，必须从强化主流价值引领，增加文化认同和自信的角度，加强网络文化价值的深层治理。

通过删帖、禁言、封号等硬性限制方式消除网上违法、违规等不良有害信息相对简单容易，但是提高网民文化认同和价值认同，形成健康向上的主流网络文化则不是一件简单容易的事。

3.从提高网民素养、加强伦理意识的角度，加强网络生态自我调适和主动治理

过度依赖法律、法规等外部规范，采取违规惩处的方式来治理网络违规问题是一种被动治理。不仅治理效果未必尽如人意，而且治理成本较高。即便制定了烦琐的法律、法规条文，并不断为新媒体、新技术的升级换代推出新规，或者疲于为旧的法规系统打"补丁"，一些网民和平台还会通过变换话语表达方

---

① 习近平.之江新语.杭州：浙江人民出版社，2007：65.
② 习近平：在网络安全和信息化工作座谈会上的讲话.人民日报，2016-04-26(02).

式，或者打擦边球等变相手段将违规信息隐蔽化、分散化，从而逃过政府、平台的监管。

而通过提高网民素养、加强网民伦理自觉的方式，则能起到事半功倍的效果。加强网民在信息传受中的自我约束和自我监督，有利于从源头上减少网络不良有害信息和行为，是一种低成本的主动治理。

4.从提高媒体影响力和主体责任的角度，加强网络生态根本治理

网络治理的目的一方面是减少网络负面信息和消除网络不良文化的影响，另一方面则是强化正面信息和主流文化价值的引领作用，防止出现负面信息"大声疾呼"而主流信息发不出声音的现象。可见，网络生态治理的根本是提高主流媒体的影响力，形成主流价值"根深叶茂""茁壮成长"的良好生态。

将生机勃勃的网络治"蔫"了、治"枯"了、治"黄"了，都不是真正的良性治理，也违背了治理的根本目的。大力提高主流媒体的影响力，发挥好主流媒体的引导力，营造好主流价值的良好氛围，才是网络治理的根本目的。

在大力提高主流媒体影响力的同时，网络平台也要扮演好"施肥""修剪""除草"的"园丁"角色，知晓该在哪里"施肥"、哪里"修剪"和哪里"除草"，履行好主体责任，营造郁郁葱葱、姹紫嫣红、生机勃勃的网络空间。

三、防范治理偏差：网络治理需要文明、科学、依法治理

加强网络生态治理、推进网络文明建设，尤其要防止网络治理中出现的不文明治理和非法治理现象，需要对网络生态中出现的问题依法依规文明治理、科学治理、精准治理。

1.科学厘清网络治理的边界，防止过度治理，伤及无辜

现实中，某知名品牌包子商家因顾客差评报警等都是分不清网络治理边界而过度治理的例子。在网络平台的日常把关审核中，随意删除、屏蔽一些无害的信息的例子比比皆是。

网络治理需要依赖法学、伦理学、社会学、管理学、传播学等多门人文社会学科的理论支撑。不管是从法律角度，还是伦理角度进行治理，抑或是动员政治、社会力量，借助政治、文化、经济手段进行综合治理，都需要有科学精

神，准确合理界定治理的问题和边界，防止出现过度治理，甚至出现伤及无辜的行为。

2.依法依规治理，防止以言代法

在网络治理中还要依法依规治理，防止以言代法、以人代法现象。哪些属于治理范畴，哪些不需要治理，以及采取何种程度和方式的治理，不能因人而异，因时因地而异，因执法者的心情和执法机构而异，必须严格按照现有法律、法规的要求进行治理。尤其不能知法犯法，以治理之名行报复之实。推进网络文明建设，最根本的是要以文化、科学的方式治理网络生态，最重要的是要以依法依规的方式进行文明、科学治理。

PART
5

第五部分

传媒实务与对外传播

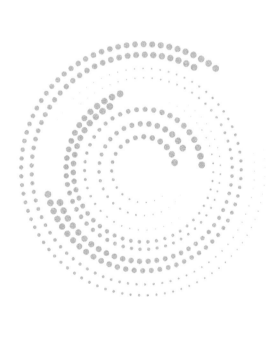

自媒体热衷悬疑式标题的背后

"浙江夫妻分居三年，刚一见面妻子提出这个要求""大写的心疼！女孩在地铁上的这一幕，让许多家长说出了心里话""比张家界还美的地方竟然在这里！""万万没想到，中国最潮的大叔竟然是他！"……如今自媒体上的标题，越来越爱设置悬念。如果你不点开标题，不给文章增加个阅读量就永远不知道小编专门用来吊你胃口的"下回分解"是啥。

与传统标题注重时间、地点、人物、事件、结果、原因等信息要素不同，这些标题总是把最重要的信息藏在背后，总是给你留一个悬念。如果把传统注重新闻要素的新闻标题称作要素题的话，这种故意隐藏重要信息，留有悬念，吊人阅读胃口的标题，我们借用影视剧中悬疑剧的说法，可以将其称作悬疑题。

网络和自媒体中悬疑题的兴盛，其背后隐藏着利益至上的商业逻辑。在当前付费阅读还难以形成气候的情况下，网络和自媒体的生存必须依靠网络广告的投放。不管是采取植入广告、软文，还是页面直接展示的条幅广告，都与网络或自媒体页面的点击量、阅读量有直接关系。一些媒体之所以热衷悬疑题，其根本目的就是诱惑用户，增加页面的点击和阅读量来提高网络和自媒体广告的投放量，或者通过阅读、点赞和收藏数量来提升自媒体排行榜的名次，提高广告议价和吸金能力，从而获取更大的经济利益。

网络和自媒体中悬疑题的兴盛，也反映了媒体和编辑服务意识的淡化，以及编辑和读者关系的异化。传统媒体时代奉为圭臬的、注重新闻要素的要素式标题，其出发点是把服务读者放在首位，体现了处处为读者着想的美德。不管你读不读这篇文章，只要你能通过标题了解到最重要的信息，就已经达到了媒体和编辑服务读者的目的。由此，考虑到信息时代，信息过剩，而读者时间宝贵的状况，专门通过精心制作的主标题、副标题和提要题把新闻的重要信息都提炼出来，才能满足读者在"读题时代"快餐化的"读题"需要。

这种处处为读者考虑的做法，体现了编辑和媒体尊重读者的编辑思维和服务理念。而当前网络和自媒体大肆制作悬疑题，意图通过设置悬念来诱使读者阅读、点击的做法，是把读者当作换取商业利益工具，有时甚至当作愚弄欺骗对象，这体现了媒体、编辑和读者关系的异化，反映了媒体和编辑服务理念的退化。

在都市报兴盛时期，纸媒也曾经兴起过一阵"问号新闻"热。其做法是在标题中大量使用问号和疑问语气，如"地球人是火星人的后裔？""李连杰下月淡出影坛潜修佛法？""红楼梦是清世祖董小宛情爱史？"等。

虽然这种问号新闻在网络和自媒体时代仍然不乏存在，但是，悬疑式标题与问号式标题的做法并不相同。问号式标题很多是信息采访不深入，或者是信息来自网络的非正式渠道，无法进行核实，但是，这些信息又具有较好的炒作价值，只好通过采访验证不够、问号疑问来凑的做法，规避信息可能失实的责任。

从根本上来说，问号新闻的编辑通常并不知道问题的真正答案，或者虽然知道答案，但是也要通过模糊信息来推卸或弱化自己可能需要承担的责任。而悬疑式标题，通常都是编辑明知答案，故意隐藏主要信息，故意制造悬念，并以此引诱读者上钩的商业化做法。

深为人们所诟病的标题党，是通过夸大事实，或者断章取义，或者偷换概念、捕风捉影的手法来欺骗读者阅读的。这种依靠故意设置的悬念来诱惑读者阅读的悬疑题，用的也是标题党的做法，是网络和自媒体依靠流量广告生存时代，标题党的新变种，是媒体和编辑服务理念的退化。

新媒体的标题是怎样变长的

习惯于从手机移动阅读渠道获取信息的用户通常会发现，现在很多文章的标题是越来越长了。这并不是某一个人的感觉，笔者在网上小范围的调查发现，接受调查的 70 个人中，有三分之二的人认为现在的标题是越来越长。

单从字数来看，超过 15 个字的标题都算是长标题，对于一般纸媒来说，即使是双行题，通常也不超过 20 个字。传统门户网站的标题，由于一般均为单行题，通常也不超过 20 个字。现在一些微信公众号的文章标题竟然平均达到 28、29 个字，有的甚至更多，显然让人觉得长了。

事实上，长标题并非移动新媒体特有现象。我们感觉标题越来越长，更多的是与以往我们习惯阅读的纸媒和网站的单行题相比较的结果。如《人民日报》头版的标题一直比较长。统计发现，近 5 期的《人民日报》头版共发表了 35 篇文章，即使把一篇文章的提要题的字数去掉，平均每个标题字数也达到 25 个字。也就是说，如果把传统纸媒的双行，甚至三行标题都算在内，即使不算提要题，传统纸媒的标题也不比移动媒体的标题短多少。

自媒体的标题越来越长的原因，首先是长标题适应了当前时代读者快节奏阅读的需要。现在自媒体数量剧增，信息内容生产渠道和数量都出现爆发式增长。仅微信公众号数量，2016 年底就超过 1200 万个，内容生产量绝非原有传统媒体时代可以相比的。这还不算当前头条号、凤凰号、企鹅号等众多自媒体平台入驻的自媒体数量，以及它们的内容生产量。

而与此同时，人们社会交往增多，工作、学习时间和压力增加，生活节奏加快，导致人们接受信息的方式发生很大变化。人们很难像以往那样有充足的时间慢慢筛选信息，并仔细阅读每一条信息。在这种情况下，读题就成了人们最便捷的筛选和阅读信息方式。为了便于人们获取信息，防止漏掉一些重要信息，同时也为了吸引人们进一步阅读，把主要内容都放到标题里、让人们更加便利通过标题获取和筛选信息，成了新媒体的必然选择。

笔者做的小范围网络调查发现，近一半的人认为目前标题越来越长的原因是，"人们没有时间看内容，就看题了"。

长标题适应了移动新媒体内容编排展示方式的需要。传统纸质媒体虽然和移动新媒体在内容上都属于平面展示的方式，但是，纸媒的标题和内容属于同一级平面展示，人们不仅可以通过标题筛选信息，还可以通过导语、提要，甚至试读部分段落来决定阅读的取舍。也就是说，纸媒读者的信息筛选渠道是多渠道的。

而移动新媒体的标题和内容分别存放在不同的页面，读者只能够通过单一的标题渠道来筛选取舍，决定是否阅读信息。如此，对于移动新媒体来说，标题的重要性可以算是"一题定终身"。这就要求人们尽可能在标题中增加尽可能多地吸引读者阅读的要素，人们生怕漏掉某些要素，导致标题越做越长。我所做的小调查也发现，有近四成的人认为，"短标题要素不全，无法吸引人"。

此外，长标题的出现还与编辑技能弱化、编辑理念变化，以及媒体运营和盈利方式变化等有关。从编辑技能来看，做一个精准干练的短标题，绝对比做一个拖沓冗长的长标题要难得多。调查中有的受访者也认为"现在的新媒体小编取不出质量好水平高的短标题"。

从编辑理念看，传统媒体时代编辑不仅技能要求高，而且服务意识较强，会主动用最简要的方式把信息要素通过标题告诉读者。现在一些新媒体编辑，往往既没有做短标题的技能，还缺少服务读者意识，而是使用各种夸张、耸人听闻的词语和标题党手法，诱导、误导读者点击一些根本不值得一读的信息。更有一些编辑为了另类，故意把标题做长。

从媒体的运营方式来看，传统媒体主要靠广告盈利，信息售卖获利与广告收入相比，基本是不盈利的，而新媒体更多是通过流量来获取广告分成和投放来获利，通过吸引眼球的方式来获得阅读和点击量就成了生存获利的手段。而制作一个长标题不仅能直接增加用户在平台上的停留使用时间，还能促使用户进一步点击阅读信息内容。

在人们习惯于通过搜索引擎获取信息的情况下，长的标题由于关键词较多，无形中也会增加被搜索引擎检索的机会，吸引更多的受众阅读。调查中有人认为，这种做法"就和淘宝商品名称一样，是一种搜索引擎优化"。

既然长标题符合了新媒体传播和人们快节奏阅读的需要，那么是否标题越长读者越爱呢？答案并非如此。从现有的微信公众号文章阅读量排行榜来看，并非标题越长的文章阅读量越高。笔者专门统计了 2017 年 3 月份阅读量排在前 20 的文章，平均每篇文章的标题只有 20 个字，最短的如"出事了，赶紧看！"。拥有 1000 万粉丝的公众号"咪蒙"近 10 期推送的 12 篇文章，平均标题字数只有 12 个字。4 月 8 日新浪网新闻排行榜排在阅读量前 10 的新闻，平均每条标题也只有 20 个字。这说明并非标题越长的文章阅读量越高，关键是标题要有亮点，字数适当即可。

由于手机等移动新媒体内容展示方式不同于传统媒体，通过适当增加标题信息量来吸引用户的做法，符合媒体发展变化和新媒体内容展示属性，也符合当前人们快节奏的阅读需要。但是，标题是概括提炼信息内容、帮助读者选择信息的工具。在涵盖信息主要内容、能够便于读者阅读取舍的基础上应该尽量精练生动。即使因为文章信息量大、内容复杂，而不得不做长标题，我们也支持真正有信息量、有利于读者获取信息的长标题，我们应反对各种标题党式的，故作高深、故意耸人听闻，诱导误导受众的长标题，也反对那种故意另类、小题大做的长标题。

新环境下新闻评论面临的困境

　　新闻评论的发展形势究竟是"好得很"还是"糟得很"呢？笔者个人感觉，即使谈不上"糟得很"，也可以说是面临着很大的发展危机或困境。这种困境是由新闻评论自身的弱势地位和新的媒体与舆论环境造成的。

　　新闻评论从本质上说是一个弱势文体。尽管在历史上某个时期，新闻评论也曾短时间像土豪一般风光过，在政论报纸时期，甚至一度达到梁启超自我表扬的"举国趋之，如饮狂泉"的盛况，但是，总体来看，新闻评论并不是一种有强势基因的文体。

　　与时事新闻等硬信息相比，对新闻事件进行"品头论足"的新闻评论，通常并不是人们生活的"必需品"。尽管意见和时事都有助于人们对外部环境做出准确判断，对事物发展做出有利决策，但是，人们获取意见的方式多种多样，并不一定需要通过阅读新闻评论作品来获取意见上的指导。即使想要获得专业的意见，也完全可以通过请教、咨询专业人士来获取。

　　与综艺娱乐、影视文学等作品相比，新闻评论即使不去板着面孔说教，也很难产生多少娱乐愉悦功能。即使一些新闻评论也通过电视或网络视频等加入视觉元素的方式加以表现，但是，新闻评论的本质是说理，而说理并不是视觉艺术的强项。即使想通过在新闻事件的选择上，增强评论的娱乐性，比如选择娱乐新闻或者奇闻怪事等娱乐性强的新闻进行评论，但"吃人嚼过的馍"毕竟不香，读者不如直接"嚼"别人"没有嚼过的馍"。

　　在文体结构和表达方式上，新闻评论也有诸多先天不足。从结构上来看，绝大多数新闻评论都是以媒体已经公开报道的新闻事件为由头，在此基础上通过列举类似事例或引用相关观点来表达自己的若干看法，最后再做总结。这种由头＋分论点＋结论的新闻评论结构，已经基本成了像八股文一样千篇一律的固定模式。本来新闻评论依托的新闻事件，在评论写作、发表时已经成了"旧闻"，再加上这种缺少变化的固定模式，因而新闻评论大多很难引起读者的阅读兴趣。

一些新闻评论的作者缺少必备的文字表达技巧和专业素养，在评论写作上一味板着面孔说理，语言干瘪，文笔枯燥，文风拖沓冗长，使得一些新闻评论无见识，无趣味，读起来味同嚼蜡，了无生机。笔者针对新闻评论写作中存在问题进行的小型调查发现，129 名参与调查的网友将不看或很少看新闻评论（或时评）的原因主要归结为，"说教色彩浓"，占 52.71%；"表达形式缺少吸引力"和"文章结构模式化、八股化"，两者均占 44.96%；"文笔枯燥"，占 36.43%。其余，"意见缺少专业性"和"观点陈旧"，也分别占到 34.11% 和 28.68%。

在当前新的媒体和舆论环境下，新闻评论的这种弱势地位表现得更加明显。新媒体的快速发展严重挤压了报纸、期刊，包括网络博客的生存空间。这些传统新闻评论发表的主阵地正在不断萎缩。由于新闻评论并不是读者阅读的热门文体，无法给已经面临生存困境的传统媒体带来足够的利益空间，这些传统媒体在面临市场挤压的情况下，首先收缩减少的就是新闻评论的版面和空间。近些年来，不仅一些报刊纷纷停办新闻评论版，甚至一些一度以评论特色见长的报刊，如《杂文报》《东方早报》也相继停刊或停出纸质版。有的虽然还在出版，但是已经改成娱乐或文摘期刊，如《外滩画报》《新周报》等。

微信、微博、直播等新的媒介形式和手机等移动阅读设备的发展，使得人们信息接受与扩散的碎片化、浅表化和娱乐化的趋势更加明显。新闻评论文体的单调、枯燥，加上一些评论缺少专业性的信息，使得新闻评论在移动媒体时代变得更加弱势。虽然一些传统媒体和一些知名评论员为了适应新的媒体发展趋势，先后开设了微博、微信公众号，甚至头条号、凤凰号等新媒体评论渠道，但是，这些新媒体评论渠道大都没有产生多少影响力。且不说无法和一些以鸡汤、情感和八卦见长的公众号和网红相比，甚至和一些美食、养生、区域或行业信息公告类的自媒体也无法相比。

笔者追踪一些发在微信公众号上的新闻评论发现，不说 10 万+，创作超过 1 万+的新闻评论也并不容易。尽管这些自媒体也尽量通过选题娱乐化来取悦用户，但很多评论的阅读量和点击量只有数千、数百。还有的传统媒体，虽然开了公众号，但是由于新闻评论的影响力、阅读量有限，创作者也缺少兴趣更新，而成了"僵尸号"。

新闻评论不仅是一种弱势文体，还是一种容易惹麻烦的文体。除了平常的解释、分析外，新闻评论在很大程度上还是一种"挑刺"的文体，赞美、叫好等并不是其特长。这也导致了一些媒体担心惹上麻烦，而不愿开设新闻评论栏目和版面，不愿为发表那些能够产生社会影响的新闻评论承担风险。这也在一定程度上影响了新闻评论的发展。

2000年9月出台的《互联网新闻信息服务管理办法》规定，有关政治、经济、军事、外交等社会公共事务和有关社会突发事件的评论属于明确强调的新闻信息。这就意味着一些以新闻评论为内容的自媒体，必须取得相应资质，否则将有违规违法风险。这基本上给一些很难取得新闻资质的个人评论类自媒体关上了大门。即使短时间不被要求关闭，但是想做出影响和长期发展，已经缺少了合法支撑。

新闻评论发展空间的不断压缩，导致了新闻评论人员流失，新闻评论队伍建设乏力，从而进一步导致新闻评论创作质量和创新的不足。这将使原本就在文体上处于弱势地位的新闻评论的发展更加雪上加霜。高质量的新闻评论是人们获取专业意见的重要渠道，也是引导舆论、监督社会的重要工具，新闻评论目前面临的发展困境，应该引起更多重视。但愿，笔者对于新闻评论面临的危机和困境的担忧，不是杞人忧天。

失实之后更需要坦诚面对

2015年8月,《中国青年报》关于中国人民大学新闻学院一名本科毕业生"回炉"读高职的新闻,由于涉及名校且具有新奇性,引起舆论广泛关注。然而,就在人们对这位独辟蹊径的学生"成才有道"发出感叹,甚至对当前新闻学沦落为无用之学,以及对人大新闻学专业教育发出嘲笑之时,事件的发展却出现新的波澜,经过中国人民大学反复查证,该校新闻学专业根本没有这个学生。

新闻事件当事人声称当年所在年级的全体同学,为此,还专门发表了一封《中国人民大学新闻学院2006级本科同学会致〈中国青年报〉的公开信》。信中不仅直言"抱歉,乔东同学,我们并不认识你",而且质疑该条报道的新闻记者和《中国青年报》的作风,明确要求新闻事件当事人对冒用身份一事、当事记者对不实报道进行公开道歉,同时要求当事媒体刊发公开更正信息,并消除相关负面影响。

在当前虚假失实新闻高发,受众已经习惯于媒体今日这样报道、明日那样辟谣的情况下,坐新闻"过山车"也好,看舆论反转"大片"也罢,都不算稀奇。这次让人感兴趣的原因除了新闻比较新奇、事件发展又出人意料等外,还包括涉嫌虚假报道的媒体是国家级主流媒体,报道的人物是一个求学之路具有传奇性的"全国优秀共青团员",事件还涉及一个国内新闻学教育首屈一指的老牌双一流高校和一个竟然能将老牌双一流高校的品牌专业轻易化解掉的名不见经传的建筑职业技术学院,因而该新闻当然也就更引人注目了。

然而,这一新闻报道和新闻人物被质疑涉嫌造假后,有关当事人似乎对广大公众希望了解事件的真相的迫切心情并不关心。除了中国人民大学外,其余当事人似乎都不急于公布真相。

盘点涉事各方在舆论危机发生后的所作所为发现,涉事各方明显缺少有效

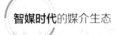

的应对措施。

对于任何一个媒体和记者来说，确保所报道的每一条新闻全部准确真实，都是一个难度不小的挑战。一个人采写一条准确真实的新闻并不难，难在一辈子采写的每一条新闻、每一个细节都准确真实。既然谁都难以做到万无一失，那么万一因为这样那样的原因出现了失误，特别是一些引起舆论关注的重要失误，该如何坦诚面对，对于维护修复媒体和记者形象来说就变得十分重要。

在危机事件处理中，有的人提出了"Tell Your Own Tale（以我为主提供情况）""Tell It Fast（尽快提供情况）""Tell It All（提供全部情况）"的3T原则，也有人提出了包含承担责任原则（Shoulder the Matter）、真诚沟通原则（Sincerity）、速度第一原则（Speed）、系统运行原则（System）、权威证实原则（Standard）这五个关键点的危机公关5S原则。不管是3T还是5S原则，及时、真诚、全面提供真相都是最基本的应对之道。而且最好是一次性提供真相，因为分次分批提供情况，不仅不能及时满足公众质疑，导致公众认为真诚度不够，而且每一次提供解释或道歉，都会成为舆论关注的焦点。对于一些危机事件来说，这样做无异于人为扩大危机事件的传播面。

在这次舆论危机事件发生后，当事各方失误的最根本之处都在于对读者关心的事件关键信息缺少及时、真诚、全面的回应。

首先是当事媒体和记者。在当前微博、微信、客户端等传播手段发达的情况下，既然已经出现了失误，只要不是主观造假，及时说清情况并不难。事件涉及的新闻人物乔某，他的中国人民大学新闻学本科毕业生信息究竟是真是假，这条资讯是如何获得的？是自己判断失误，还是有人故意提供了虚假信息来误导媒体记者？这些疑问，涉事媒体和记者都有责任迅速及时向公众披露。及时说清真相，也是获取公众谅解、重获公众信任、重建媒体新闻公信力的唯一途径。

其次是新闻事件涉及的某建筑职业技术学院和当事人乔某。事件当事学院在中央媒体报道其单位学生事迹后，迅速在其网站首页对该条新闻做了转载，这视为该单位认可新闻报道的事实。当媒体和舆论质疑该事件涉嫌造假时，该校作为乔某的培养单位，对乔某的档案等真实情况是比较了解的，有义务告诉公众乔东之前学历和经历的真相。但是，该当事学校却选择了沉默。

再次是事件涉及的当事人乔某，作为一名曾经获多项先进荣誉的学生，也应该主动站出来说出自己学历的真相。但是，乔某也选择了沉默。

按照政府信息公开条例以及国务院办公厅对于机关事业单位要及时通过政府网站、新媒体等渠道及时回应公众关切和社会热点问题的要求，事件涉及的教育主管机构等单位，凡是曾经掌握过乔某真实信息的，都有责任和义务主动澄清乔东的学历真相。这也是政府部门认真做好信息公开工作，及时满足公众知情权、主动引导舆论、认真服务群众的一种表现。

在媒体资讯发达的时代，隐瞒和沉默无法掩盖真相，只会增加隔阂和冷漠，甚至怨恨。面对公众的质疑和关切，沉默和掩盖也是徒劳无益的，终究会被有责任的媒体和个人所打破。

此次失实新闻事件涉及的当事各方，在事件发生后的表现，也为危机应对提供了一个不够成功的案例。

新闻评论怎样出"新"

一篇好的新闻评论，除了紧扣社会热点和公众关注热点外，还要在选题、立意、论据、论证、表达等方面具备创新意识，做到能有新发现、新见解、新材料、新高度、新表达和新启发。其中，最重要的是选题、立意和论证这三个方面的创新。

选题创新：选题要有新发现，要能发现新问题。新闻评论通常是以新报道的新闻为评论由头，有的媒体在发表新闻评论时甚至规定必须以当天或者前一天发生的新闻事件为评论由头，以此保证新闻评论能够紧跟新闻和公众关注的热点。但是，这样做，往往导致全国成百上千的评论员都扑在每天发生的少数新闻热点事件上，导致选题严重扎堆、撞车现象。

如果一篇新闻评论在选题上和其他评论重复，而作者对这件事情又没有独到的见解、缺少新的材料和新表达的话，这基本上就决定了这篇评论只能是平庸之作。

要想在选题上创新，必须紧扣新闻热点，但是又要尽量避开大家都能看到的热点。这要求评论员除了关注每天的新闻排行榜，还要独辟蹊径找一些其他评论员不容易发现的热点。

一是扩大新闻事件的搜索范围。尽量避开其他评论员都关注的新闻热点排行榜和重点新闻媒体，着重关注那些大多数评论员都注意不到的行业媒体和地方媒体。这些行业和地方媒体的新闻事件往往需要1天左右的时间才能获得全国重点新闻媒体关注或者登上新闻热点排行榜。这个时间差是在选题上避免与更多人撞车，甚至成为独家评论的绝好时机。

二是避开那些过于火爆的热点，选择那些不太热，但是有重要社会意义的新闻事件进行评论。这样的次热点事件如果选择得当，经过评论员独到的点评，同样能够引起社会关注，而成为新的热点。

三是自己发现新闻进行独家评论。新闻评论虽然通常是以新报道的新闻为评论由头，但是并不排除评论员以自己研究观察或者亲身体验发现的新事实、新现象、新问题和新思潮等作为评论素材。

立意创新：立意要有新见解，要能升到新高度。好的新闻评论还要有新意，要对新闻事件有新的见解，这是新闻评论存在的价值基础。否则，一个新闻事件，人人看了都知道其中的问题，人人都能看到其中的意义，何必还要看你的评论？这就要求新闻评论要能看到别人看不到的问题，想到别人想不到的见解。

好的评论除了见解要新，还要有高度，要有超越一般层面的见识。这样才能提高评论的价值，体现评论员的专业水准。特别是一些专业性和一些非热点性评论，更要有专业高度。

评论员不仅要喜欢品头论足，还要有专业素养，要有专业见识，甚至要知道什么是自己能说的，什么是自己驾驭不了的。我们大多数人习惯于发表意见，但是却缺少必要的专业素养，无法对自己的观点负责任。

论证创新：论据要有新材料，表达要有新手法。新闻评论往往依托新闻事实，如果仅仅停留在新闻报道的奇闻怪事或者新鲜爆料等层面，或者仅围绕事件做一些点评，也就失去了价值。对于那些选题已经和别人撞车、观点表达也在大多数人都能想到层面的评论，更需要在材料组织和表达技巧上进行创新。

有些评论虽然观点是老生常谈，但是因为其使用的论证材料说服力较强或者更加新鲜，同样可以弥补观点和选题的平淡。

对于一些新闻热点性不强，以及一些软性的社会新闻，由于社会关注度不高或者社会意义不大，只有在表达技巧上出新才能补拙。

相比于人们每天喜欢阅读新闻或者关注奇闻怪事来说，新闻评论并不是人们信息消费的必需品或刚需品。这就要求新闻评论必须出新，有新观点、新见识、新表达，并给人以新启发，如此，才有可能引起人们的关注。

学好新闻评论写作的心理障碍

新闻评论是社会发展的重要舆论动员和意识整合工具。一些媒体人之所以没有学习、练习好新闻评论写作，主要是心理上存在认识不足、畏难、自满、偷懒和消极等待等障碍。

障碍之一，对新闻评论的价值认识不足。一些人认为学习新闻评论写作是有志于从事新闻评论写作或编辑工作的人才应该学习的。如果自己今后不准备往评论职业的路上发展，也就没有必要浪费时间和精力学习新闻评论写作。事实上，即便对于广大非新闻传播专业的普通人来说，新闻评论不仅是个人学业、职业发展的重要技能，也是人们应该具备的最基本的人文素养。

评论素养是个人素质的重要方面。学好新闻评论对提高人们看待各种社会现象的能力具有重要作用。如今网络与新媒体发达，个人表达意见、情绪变得越来越便利，面对纷繁的社会问题和社会现象，很多人却没有经过最基本的分析问题和表达意见的训练，缺少必备的评论素养，以致通过简单的贴标签、站队等情绪化、非理性方式表达意见，有的甚至通过人身攻击、谩骂、约架等非法和极端方式进行发泄。还有的人云亦云，被错误舆论所误导。

新闻评论也是个人学业和职业发展的重要技能。具备良好的新闻评论写作能力对参加高考和研究生入学考试、媒体行业入职考试，甚至国家机关事业单位入职的申论科目考试等都有重要帮助。

对新闻评论价值认识上的不足，除了认为对个人发展没有太大作用而产生轻视心理以外，还有的认为新闻评论阅读的人少，对社会发展起不到什么作用。由此，认为学新闻评论写作没多少实用价值，没必要花时间去学这种又费神、又枯燥的"屠龙之技"。事实上，这些都是对新闻评论价值了解不足的一种误解。

新闻评论虽然在媒体上的发稿数量、阅读量和点击量方面无法和其他新闻、娱乐内容相比，但是，一篇优秀新闻评论所产生的思想和舆论引导价值是其他内容无法比拟的。作为重要舆论动员和社会整合工具，在面临重要社会变革需要解放思想的关键节点，或者遇到重要社会事务需要凝聚人心的关键时期，又或者遇到突发事件需要消除恐慌、平息不良情绪的特殊情况，新闻评论的引导、凝聚、阐释等社会价值就会发挥作用。即便是社会和平发展时期，也同样需要通过新闻评论来引导和凝聚人心，消除社会认识的各种误解，批判社会不良现象，增加人们的社会认同心理，激发人们的奉献热情。

障碍之二，自卑畏难和自满自大心理。一些人没有学好新闻评论，很大一个原因是高估了新闻评论写作的难度，而低估了自己的能力。这样就导致自己在还没有开始尝试新闻评论写作的情况下，首先产生了一种消极心理——反正我也学不好，写不好，我干脆就不学了。

当然，除了畏难情绪，自满或者自我感觉良好也是学好、写好新闻评论的敌人。有的人觉得我中学时就已经会写议论文，或者觉得新闻评论就是网上吐槽，不用学人人都会。事实上，新闻评论是一个讲究表达效率和效果的文体，对表达意见和说理的技巧有着很高的要求。如果新闻评论停留在高考应试作文的水平，甚至是人人都能做到的网络吐槽的水平，那么也就不需要专门的新闻评论了。一些人的新闻评论之所以没有写好，就是因为他（她）把新闻评论当作网络吐槽来写，甚至当作平时家长里短式的聊天来写，完全没有表达的章法和表达的效率。

障碍之三，认为没时间的偷懒心理。这是很多人不愿在写好新闻评论这件"小事"上花时间的最常见理由和借口。

障碍之四，过度依赖积累，消极等待心理。适当的知识、生活和技能积累，是任何写作都必须具备的基本要求，新闻评论写作同样如此。但是，很多人的写作才能往往牺牲在不恰当的写作前期积累的路上了，甚至有的人一直在积累，从来不写作，从而也就无法成长为一个优秀的评论员和评论写手了。

各种积累是必需的，但是写作实战更是重要的，要想写好新闻评论，哪怕在自己还不成熟的情况下，也要多写多练。现在一些知名的评论员，开始写作时也很稚拙，但经过长期写作实践磨炼，现在已经成了非常成熟的评论作者。这靠的就是"在战斗中成长"。

新闻报道一字之差的伦理问题探析

2022年上半年，一则某国家安全部门"对涉嫌利用网络从事危害国家安全活动人员马某依法采取刑事强制措施"的新闻，一度成为网络围观和猜测的热点。这不仅是因为新闻涵盖了满足人们好奇心理的"国家安全""网络谍战"等新奇性、趣味性元素，还因为这条简短的新闻使用了"杭州""网络""马某"等具有明确联想指向性的标签，使得这条简短新闻的新奇性、显著性等价值大增。也因为这些标签和杭州一位知名网络人物的巧妙"耦合"，使得一些以阿里巴巴为代表的互联网公司的股票出现短时间大幅下跌。

尽管事发不久后，相关跟进报道的媒体澄清了新闻中的"马某"并非大众联想中的"马某"而是"马某某"，首发媒体也更新了报道，但是，新闻引发的舆论猜测、股市震荡，以及在新闻报道中"躺枪"人员遭受的社会影响却不是简单修改一个字能够挽回的。这使我们有必要思考一下，一个看似简单的新闻"失误"的职业伦理问题。

一、专业精神是职业伦理的重要方面

职业伦理不仅仅体现在职业规范、道德条款上，也体现在专业精神和专业技能上。具备专业素养，具有专业精神，体现专业能力，是做好任何一个职业的基础，也是职业伦理要求的重要方面。

新闻工作者在新闻报道中能够按照专业规范采写报道新闻、体现专业水准，确保新闻报道的真实、准确，是新闻工作职业伦理规范的基本要求。我国的新闻工作者职业道德准则就明确提出了"不断增强脚力、眼力、脑力、笔力"，做到"业务精湛"，不断"提高业务水平"，以及"努力到一线、到现场采访核实"等专业技能要求。

在"马某某"危害国家安全的报道中，媒体记者、编辑在专业精神和专业水准上存在以下具体操作失误。

1.违反隐藏和精简信息不能引起歧义原则

在涉及国家安全和一些重大有组织案件的新闻报道中，隐去涉案人员的真实姓名和信息，并不是出于保护涉案人员的隐私，而是出于国家安全和相关案件侦查的需要。毕竟将一个有上下线、有组织的案件中某一名涉案人员的身份信息直接公开，会起到给危害国家安全的组织的其他相关人员通风报信的作用。这本身也是一种泄密，甚至危害国家安全的行为。一些危害国家安全的案件甚至并不公开报道，也是出于维护国家安全的需要。

在马某某危害国家安全报道中，隐去涉案当事人的真实姓名，尽量减少案件详细信息透露，符合国家安全案件非必要不公开的惯常做法。但是，媒体在报道中在隐去涉案人员姓名等信息过程中，应该遵循信息传播能精简尽量精简，但是不能因为精简引起歧义的原则。这个原则，也是编辑出版工作在信息加工过程中应该遵循的基本原则。

在马某某危害国家安全案件报道中，如果国家安全部门出于安全教育需要，主动公开违法案件人员信息，提供的姓名是"马某某"，而新闻媒体在采编过程中，出于能精简尽量精简的需要，故意删除"冗余"信息，将"马某某"精简为"马某"，那么，媒体就应该考虑这种精简是否会引起歧义。比如我国在国家标准《出版物上数字用法》（GB/T 15835—2011）中就明确规定"如果省略数值的附加符号或计量单位会造成歧义，则不应省略"。比如"9亿～16亿"，不建议写为"9～16亿"。

如果国家安全部门提供的涉案人员姓名就是"马某"，媒体如实报道，没有删减，则另当别论。

2.有违出现失误及时更正道歉原则

我国"新闻工作者职业道德准则"明确规定"刊播了失实报道要勇于承担责任，及时更正致歉，消除不良影响"。在"马某某"危害国家安全新闻报道过程中，如果不是安全部门提供的信息不准确造成的，而是媒体自身原因造成的，那么，媒体在发现失误之后，不仅应该及时更正，而且还要及时发表道歉说明，而不是悄悄自己修改完事。特别是对于这样造成舆论和股市重大社会影响，对于自身原因给无关人员造成重大伤害的失误，更应该在更正的同时，及时公开道歉说明。

一般来说，更正道歉除了遵循及时消除影响的原则，在第一时间更正错误，还要遵循对等的原则。要求更正道歉要在版面、时段等方面，在传播效果上能够起到与错误信息对等的效果，这样才能最大限度消除错误信息的负面影响。

3. 缺少交代信息源的专业习惯

按照传播学的有关原理，交代信息源有利于提高信息的可信度，也有利于受众甄别判断信息的真伪和价值。国外在新闻实践中，除了因为保护信息提供者的需要故意隐去信息源，一般都习惯在新闻报道中主动交代信息源。这种做法，除了便于受众判断信息价值，也有利于在信息出现失实的情况下，对记者起到一定的缓冲保护作用。当然，即使因为信息提供者造成的失实，新闻记者仍然要承担责任，因为记者本身就有核实信息的义务。

在"马某某"危害国家安全报道中，如果首先报道的媒体，在报道中交代了信息提供者提供的信息就是"马某"，在一定程度上可以减轻记者报道的失误责任。但是，该报道的新闻媒体没有交代信息源。

二、维护新闻真实、肩负社会责任是新闻伦理的基本要求

真相原则、责任原则、独立原则和最小伤害原则被认为是新闻伦理的基本原则。"马某某"危害国家安全报道，除了在专业水准和具体操作上存在偏差、失误外，在新闻伦理的基本原则和具体要求上，也存在不足之处。

1. 违背新闻伦理真实、准确的基本要求

真实性原则是新闻伦理的基本原则。把真实作为新闻的生命，在新闻报道中做到真实、准确是新闻伦理的基本要求。"马某某"危害国家安全案件报道虽然仅仅错了一个字，但是"马某某"和"马某"却相差甚远。一字之差的社会影响，并不是简单的一个新闻要素不准确这样一般性的新闻失实可以相提并论的。

新闻记者和媒体编辑理应考虑到受众误读"马某"可能造成的社会影响，加强信息的核实和审查工作，做到真实、准确，维护新闻的真实性原则。但是，

采编人员并没有真正尽到这样的责任。

2.违背社会利益放在第一位社会责任原则

新闻报道要始终把社会效益放在第一位。在当前新媒体环境下，尤其不能为了点击量，为了流量，为了"变现"的目的，而置社会效益和社会责任于不顾。

在"马某某"危害国家安全的报道中，由于首发媒体没有发布道歉说明，我们无从知道是媒体故意为了流量，故意为了引起受众联想提高点击、转发量，进而实现"眼球经济"，将"马某某"有目的地错写成"马某"，还是因为信息源提供的就是"马某"，媒体只是承担核实不足的责任。但是，无论如何，媒体都没有完全尽到自己的社会责任。

3.没有尽到将新闻报道的危害降到最小的义务

"马某某"危害国家安全报道的失误，显然给本来与案件无关的"马某"，"马某"相关的互联网企业，以及"马某"互联网企业的众多股票持有人造成了极大伤害。但是，事件发生后，首发错误信息媒体及转发错误信息的众多媒体，不仅没有尽到信息核实责任，预料到这样的报道可能给相关人员、企业造成伤害，而且事后均没有主动公开道歉，更不用说弥补损失了。媒体没有履行新闻报道最小伤害的伦理义务。

克利福德·G.克里斯蒂安等学者在其合著的《媒介公正：道德伦理问题真的不证自明吗》一书中提到的媒介公正的五个伦理学准则之一是"像爱你自己一样爱你的邻居。"要求新闻工作者要像爱自己一样爱护新闻报道的相关人员。在"马某某"危害国家安全报道中，如果新闻工作者能够"像爱自己一样"为新闻报道可能波及的相关人员考虑，才能真正将新闻报道的伤害降到最小。

三、结语：不因一字之错而留下伤害和遗憾

没有专业的服务，空谈职业理想，是严重危害职业伦理的行为。一个职业如果人人都努力把职业工作做好，而不是空谈职业道德，这个职业最终会成为一个有伦理操守的职业，反之，会被社会所诟病。

在新闻伦理建设中，我们不妨在提倡新闻职业精神、社会道义和责任的同

时，首先把新闻报道的基本"手艺"做到极致，从最基本的准确性和专业规范做起。哪怕是"马某"还是"马某某"相差的一个字也要做到经得起推敲。

人们常说，"笔下有财产万千，笔下有毁誉忠奸，笔下有是非曲直，笔下有人命关天"。新闻工作者要能知道自己新闻报道对社会和个人产生的影响，慎重用好自己的"笔"，真正实现"铁肩担道义，妙手著文章"的社会责任。不因一字之错，给自己、他人和社会留下遗憾。

如何真正"讲好中国故事"

2015 年 5 月,习近平总书记在给人民日报海外版创刊 30 周年的批示中指出:"希望人民日报海外版以创刊 30 年为起点,总结经验、发挥优势、锐意创新,用海外读者乐于接受的方式、易于理解的语言,讲述好中国故事,传播好中国声音,努力成为增信释疑、凝心聚力的桥梁纽带。"[①]

事实上,不仅是对外宣传报道工作要讲好中国故事,对内宣传报道工作同样要讲好中国故事。只有以广大群众易于接受和易于理解的方式讲好中国故事,才能取得良好的传播效果。宣传报道工作也才能获得群众认可和支持。

讲好中国故事首先必须讲符合人情人性的故事。讲好中国故事的目的,是通过故事打动人、吸引人,进而向海外传播好中国声音,向国内传递好主流价值观。很难想象一个不讲人情、不符合人性的故事如何能够感染人、吸引人。然而,现实新闻报道中,一些人讲故事时往往眼睛只盯着主题,甚至肆意拔高故事的主题价值、思想意义,而忘记了合乎人性人情这最基本的故事准则。曾经有一条宣传新闻记者典型人物的报道,为了展现他"长期工作在基层一线,在舆论监督报道和深度报道方面表现突出"的先进事迹,竟使用了一个"我可以没有爱情,但不能没有真相"的故事主题。从某种程度上说,这种将个人爱情和追求真相相对立的做法,是不符合人情人性的,是很难说服人、打动人的。

讲好中国故事不仅要有人情人性,而且要有普通人的感情和视角。此次"东方之星"沉船事件,一些报道之所以为公众所反感,一些标题之所以被公众指责,很大原因是心中没有普通人,没有从受害者家属和更多普通群众的角度考虑。像《生为国人,何其有幸!》《4 天 3 夜,那些感动我们的瞬间》《救援一

---

① 习近平就人民日报海外版创刊 30 周年作出重要批示:用海外乐于接受方式易于理解语言　努力做增信释疑凝心聚力桥梁纽带. 人民日报,2015-05-22(01).

线，中国最帅的男人都在这儿啦！》《感谢你无数次游过那么悲伤的水域》《沉船救援，十个注定要载入历史的镜头》等类似煽情、将坏事变好事的报道，背离了普通人的感情和视角。不仅不能讲好中国故事，还把故事"讲砸了"。

讲好中国故事必须讲真实、经得起推敲的故事。一些典型报道为了塑造典型环境中的典型人物形象，往往不顾真实一味拔高，导致一些典型人物的事迹出现很难让人相信的尴尬局面。

缺乏真实的典型报道，不管表达多生动，最终不但不能打动人，还伤害了读者的感情和媒体的公信力。像《深圳 90 后女孩当街给残疾乞丐喂饭感动路人》这样的报道，虽然场景和人物都很感人，但是事实证明这个充满正能量的"最美女孩"却是网络推手策划炒作的。这样的虚假的中国故事只能伤害人而不是打动人。

讲好中国故事还必须讲科学、合理、合法的故事。一些正面报道为了突出真善美、正能量的主题，往往忘记了所讲故事的科学性、合理性和合法性，导致适得其反的效果。像《温州一头猪跑寺院门口"跪拜"》之类关于奇异现象的报道，由于缺少科学性，不仅不能传递正能量，而且还有愚弄读者之嫌。还有一些看似正能量的报道，事实却缺少合理合法性，有时还会产生误导读者的负面作用。如 2015 年"五一"期间媒体广泛转载报道的图片新闻《女游客为兵马俑站岗武警擦汗》，表面似乎体现了警民鱼水关系的正面主题，但如果助长此类行为，却极容易给执勤的武警哨兵安全带来隐患。故"公安部打四黑除四害"在转发这个图片新闻时明确表示："此心可鉴，此举不可取。"

此外，讲好中国故事必须用群众喜闻乐见的形式和易于接受的方式来讲。这除了需要传播者看问题、找素材能够急群众所急，想群众所想，有群众的眼光和视角，还需要在表现形式、内容选材和主题呈现等方面能够了解群众的心理和喜好。只有多到普通群众中寻找灵感，多采写群众关心的接地气、有温度的好故事、好报道，才能吸引群众、感染群众、打动群众。

新传播生态下的新闻出版"走出去"

对于任何国家来说，新闻出版产业的国际扩张都是一项举足轻重的重要工作，它不仅事关新闻出版业的发展，而且发挥着向世界传播本国文化，构建和维护良好国际形象，提升国家软实力等重要意识形态职能。

我国新闻出版"走出去"工作，至少从数据上看是成绩喜人的。就图书版权贸易而言，2004 年我国版权输出 1314 种，引进 10040 种，引进与输出比为 7.6∶1。国家新闻出版管理部门公布的《2014 年全国新闻出版业基本情况》显示，2014 年，全国共引进图书版权 15542 种，共输出图书版权 8088 种，引进与输出比为 1.9∶1。与十年前相比，图书版权贸易的逆差进一步缩小。在 2015 年 8 月底举行的第二十二届北京国际图书博览会上，更是形成了版权输出大于引进的"顺差"局面。据公开的数据，第二十二届图博会共达成中外版权贸易协议 4721 项，比 2014 年增长 8.6%。其中，达成各类版权输出与合作出版协议 2887 项，比 2014 年同期增长 11.3%，达成引进协议 1834 项，比 2014 年同期增长 4.7%，引进与输出之比为 1∶1.57。

从现有的版权输出来看，虽然 2014 年全国共输出包括图书、音像制品和电子出版物版权在内的各种版权 10293 种，但是，输出产生多少经济效益未见有关部门明确公布。这些年来，我国为鼓励新闻出版业"走出去"不断从税收、财政等方面进行大力扶持，这从国家长期利益来看也是无可非议的。但是，一个产业如果只靠"输血"来维持运行而不能"造血"，是难以实现良性运行的。

从新闻出版物的实物贸易来看，2014 年，全国累计出口图书、报纸、期刊 2137.87 万册（份），金额达到 7830.44 万美元，与上年相比，数量下降 10.00%，金额下降 3.51%。全国出版物进出口经营单位累计进口图书、报纸、期刊 2538.85 万册（份），金额达到 28381.57 万美元，与上年相比，数量增长 7.51%，金额增长 1.19%。虽然进口和出口图书、报刊的数量差别不大，但是金额却相差 4 倍，进口图书报刊金额为 28381.57 万美元，而出口只有 7830.44 万美元。这也从一个方面说明，我国新闻出版不管是版权还是实物的"走出去"，都存在有数量缺效益的问题。

在当前数字出版快速发展的情况下，我国新闻出版业"走出去"还存在过度依赖传统出版物和版权的情况。2014 年，全国累计出口图书、报纸、期刊 7830.44 万美元，出口音像制品、电子出版物与数字出版物 2214.41 万美元，合计约 10044 万美元。其中，数字出版物仅为 128.75 万美元，仅占 1.28%。在版权输出方面，2014 年，全国共输出版权 10293 种，其中电子出版物 433 种，电子出版物版权仅占 4.2%。在当前国内数字化阅读接触率已经达到 58.1%，数字化阅读开始超过传统阅读，而国外数字化阅读更加普及的情况下，新闻出版业的"走出去"如果还停留在传统出版物层面，显然是在"刻舟求剑"。

在新的传播生态下，传统出版业应该与时俱进，从技术、人才和营销管理等方面加强创新，提高"走出去"的"造血"机能，在做大做强自身的同时，更好地实现政治文化国际传播效益。

首先是要加强以数字传播为导向的技术创新驱动。传统出版业在进军国际市场过程中必须与时俱进，超前谋划，加快新兴传播手段的研制与运用，以便用发达国家受众更易于接受的出版手段和出版物形态，促进当代中国价值观念的国际理解和国际传播。

其次是要更加注重熟悉国际传播数字出版人才资源的培养和使用。人力资源是出版业的第一资源，在新的传播生态下，新出版技术的开发、运用，新的出版内容表现形式等均离不开出版人才创造性与创新性的潜能发挥。只有通过现代出版人才培养与出版从业人员从业生态的优化来提高出版人才的人力效能，进而提高出版业的国际传播力，才能做好出版业国际传播工作。

在当前大数据技术广泛应用于商业营销的情况下，如何通过运用大数据等现代营销分析技术手段，精确定位海外受众的阅读兴趣和需求，有重点、有针对性地提高出版物的国际传播效果，也是当前新闻出版"走出去"值得研究的问题。

如果仅靠政府的资金和政策推动，新闻出版"走出去"不难，但以国外受众易于接受和喜闻乐见的形式真正实现"走进去"，并且利用自身的实力健康有效地不断"走出去"，才更加可贵。

李子柒海外走红的启示

没有举办"走出去"启动仪式，没有纳入任何"走出去"工程，也没有获得过任何"走出去"项目资助，一个出生西部山野的弱女子却真实地迈出了让中华文化"走出去"的自信步伐。在视频网站YouTube上，截至2025年3月，她的粉丝量超过2500万，比世界上有着近百年影响力、开办过世界上第一个电视台的英国BBC的粉丝数还要多出800万。

一个没受过专业训练的门外人，完成了一件连一群专业人士都无法完成的事。尽管目前李子柒背后有专业的网红孵化和视频制作团队，这些团队成员也不算是国际传播的专业人士，否则，不可能连视频字幕都没有翻译成英文。这给我们思考如何在国际社会讲好中国故事、塑造好国家形象提供了启发。

"走出去"要通过润物无声的方式。一提到对外传播，很多人马上就联系到国家形象塑造，中华文化"走出去"、道路自信、理论自信、制度自信、文化自信的对外展示，甚至是主流价值观输出等。这些过于宏大、直接的对外宣传，往往因为宣传方式生硬，而引起被宣传对象的警惕，甚至是直接的抵触。其实，最好的宣传是看不见的宣传。李子柒视频中的中国乡村生活、山水风光、美食服饰、传统技艺……传递给外国人的何尝不是历史悠久、魅力无限的中华文化，打造的又何尝不是宁静安逸、生活美好的国家形象！

大国形象的塑造，未必非要从国力、军力、GDP，甚至尖端武器、高新科技说起；中华文化的"走出去"，也未必非要从历史典籍说起。一件精美的服饰，一道诱人的美食，一个充满温情的生活细节，未必就不能作为大国形象和中华文化的载体。或许这种通过小人物、小细节来表达大主题的举重若轻的对外宣传方式，更能走向世界。

"走出去"要采取海外人士乐于接受的形式。李子柒的粉丝来自世界各地，有欧美的，也有亚非的，"那些看不懂中文、听不懂中国方言的外国粉丝，从来不吝于表达他们对李子柒的喜爱："一边看不懂一边看，一边求翻译一边看"。可以说，李子柒的对外传播不仅真正实现了"走出去"，还达到了"走进去"的传播效果。这与其传播形式符合海外受众喜好是分不开的。

随着新媒体发展和用户媒介使用习惯的变化，移动化、社交化和视频化媒体已经成为发达国家用户获取信息和社交娱乐的主要工具。而带有社交属性的短视频，因为影像传播的直观性，特别适合作为跨越语言和文化障碍的跨文化传播媒介。这一点也是李子柒能被很多根本不懂中文的粉丝所喜爱的原因。

"走出去"要充分发挥民间人物的作用。一方面，由于西方社会意识形态的影响，一些国外民众容易对代表官方的主流外宣媒体产生抵触心理。另一方面，官方主流渠道因为传播覆盖面和内容形式等限制，很难涵盖一些个性化的用户群体。在这种情况下，像李子柒这样民间自媒体就有了用武之地，而且因为是民间传播，没有官方背景，也就更能获得海外用户的喜爱。

另外，利用中国民间自媒体数量较多的优势，发挥民间人士"汪洋大海"的作用，正是应对当前一些西方社交媒体平台因为意识形态偏见，抵触、封锁我国官方对外传播渠道的一个有效措施，也不失为加强对外传播的一个新手段。

PART
6

第六部分

媒介历史与教育

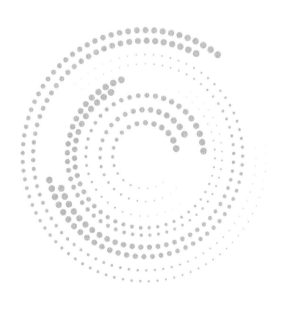

史量才的社会公益贡献

史量才（1880—1934）是民国时期国内最有影响的爱国报人、报业实业家。他不仅是当时发行量最大的《申报》总经理，还是《新闻报》的大股东，同时，还拥有《时事新报》等其他重要报纸的股份。在 1917 年中华书局因为资金链断裂出现危机时，史量才还一度担任中华书局局长。

目前评价史量才的历史贡献，主要集中于他在实业和报业方面的成就。事实上，史量才还热心公共事务、公益慈善和公众教育事业。

史量才是一个具有强烈国家意识和民主民生思想的人。他除了在报业舆论方面积极实现其民主、爱国和积极改造社会的政治理想之外，在社会活动中也处处体现出自己实业救国、教育救国，以及关爱民生、服务社会的良知和责任。他提出的"三格"思想，即"人有人格，报有报格，国有国格，三格不存，人将非人，报将非报，国将不国"。

史量才在公共活动方面的影响力主要集中在地方社会治理、公益慈善和社会教育等方面。他担任过上海市民地方维持会会长、上海市临时参议会会议长等事关上海政局稳定和民生福利的重要社会职务，兼任过中国航空协会常务理事、杭州之江文理学院校董、上海霞飞路道路会副会长等众多社会职务。由于史量才在上海乃至在全国公共事务中所具有的影响力，国民党政府也曾极力拉拢史量才并授予他各种社会职务，如淞沪战区善后委员会副委员长、农村复兴委员会委员、新中国建设学会理事、招商局理事、中山文化教育馆常务理事等。

在担任上海市民地方维持会会议长期间，史量才在上海淞沪抗战期间和战后秩序恢复重建等方面发挥过重要作用。上海市民地方维持会成立于 1932 年淞沪抗战爆发后的第三天，其目的是"为应事实之所需求，补助政府之所未及"，通过动员各方社会力量，稳定战争期间的上海商业、金融等社会局面，并为支援抗战提供各种服务。地方维持会在支援前线、救护伤病官兵、号召募捐和救济难民等方面极大地弥补了战时政府的能力不足。

史量才在公益慈善方面发挥的作用，一方面体现在他在淞沪抗战期间对伤兵救治和难民救济上，另一方面体现在他对各种社会公益活动的积极参与和热心捐助上。

史量才除了具有实业救国、报国的思想外，还有教育救国意识。他认为"教育是治国之本"，办学校可以造就人才，其重要性不亚于办报。他在主持《申报》以后曾经一度设想，"先办一所中学，将来如有可能再办一所大学"。事实上，他在1901年进入杭州蚕学馆这所由杭州知府林启创办的新式学堂读书期间，就萌生了创办新式学堂，通过教育改造社会的想法。还在读书期间，他就利用假期回乡机会，联系乡绅创办了私立养正小学。毕业后他又于1904年春创办了"上海女子桑蚕学校"，开展女子职业技术教育。该校后来搬迁到苏州，最终并入苏州大学。在主持《申报》期间，他仍然热心教育事业，先后创办申报业余补习学校、申报妇女补习学校和申报新闻函授学校等教育机构。

申报新闻函授学校是史量才在开展新闻职业教育方面和向更多民众普及新闻教育上所做的尝试。该校从1933年创办，组织人员编写教材16种。该校师资与教材的编写绝大部分由复旦大学新闻学系谢六逸、郭步陶等具有新闻从业和教学经验的名家承担。[1] 不仅为《申报》培养了大量通讯员，也为普及新闻教育、向众多无力进入正规入学读书的普通民众提供高质量的新闻职业教育做出了贡献。

2015年是著名爱国报人史量才诞辰135周年，如何准确客观评价其社会地位，弘扬其"三格"思想，不仅事关历史人物评价的公正性，而且对于培养当前新闻从业人员的职业意识和责任意识也具有重要意义。

---

① 上海图书馆.近代中文第一报　申报.上海：上海科学技术文献出版社，2013：210.

马可·波罗笔下的元代传播

从马可·波罗的游记中我们可以看出，元代的传播手段虽然今天看起来原始，在当时却十分便捷高效。驿站、信使、钟鼓是最基本的传播手段，而纸张、金属和声音是最常见的传播介质，马匹、道路和行人也是重要的传播工具。

在马可·波罗的游记中，关于元代庞大的驿站传播体系有着较为详细的描述。在元世祖忽必烈居住和处理政务的"汗八里城"即北京城，有四通八达的道路通往全国各省区。"每条路上，根据市镇所处的位置，每隔二三十英里，就会有一座驿站，用来招待来往旅客，同时它也是送信局。"每个驿站都由政府提供一定的经费和物资资助，不仅备有 400 匹良马，而且有许多"华丽的房间"和"豪华的设施"。即使是远离大道、人烟稀少、和市镇相距十分遥远的偏远山区，也建有同样的驿站。这种四通八达的道路和遍布全国各地的驿站，形成一个个传播节点和网络。可以说，它就是元代的官办"互联网"。

为了维持驿站人力、物力供给的良性运转，忽必烈还下令将一些百姓迁居到驿站附近，在那里开垦土地，以维护信使和驿站的日常生活运转所需。在整个元朝统治的疆域内，专门用作送信的马匹有"不下 20 万"匹，设施齐全的建筑物"也有一万幢"。假如马可·波罗提供的这个数据比较准确的话，按照每个驿站 400 匹马来计算，元朝疆域内的官方驿站数量大约在 500 个，每个驿站房屋规模大约是 20 幢。这个驿站数量与元朝统治的庞大的疆域相比，总体来看并不算多。这或许是无法了解全国性真实数据的身份和地位限制了马可·波罗的"想象力"，也或许是当时没有能力和时间来编织一个更加细密的信息传播网。

元朝的驿站和信使系统，除了有骑马的专送加急信息的"快递员"以外，还有众多专门传递普通信息的"徒步信差"。这些专门递送普通邮件的徒步"邮递员"分布在众多驿站之间，每隔 5 公里左右就有一个以小村落形式分布的中转站。每个"邮递员"只需要把信件从一个站点徒步送到另一个站点即可，后面依次更换人员接力传递。这种依靠人力接力传递信息的方式，不仅节省成本，也起到了在骨干驿站网络之间织密信息传播网的效果。

为了监督和保障驿站信息传播系统的良好运行，元朝还建立了一套完整的驿站信息传递系统的运行和监督机制。不仅制定了严格的记录登记制度，而且还建立了由专人负责的定期巡视检查制度和信差绩效考核奖惩制度。

元朝的驿站传播体系既高效又快捷。遇到紧急情况，每天可以将信息传递到400公里以外，甚至连夜间也照样运行。这种速度和效率，绝不亚于今天的快递物流。

除了将驿站作为远程和异地信息传播手段外，元朝在相对狭小的区域内还建立了一套由钟鼓等构成的传播体系。如在被称为"汗八里"的大都城中央就建有一座很高的建筑物，"上面悬挂着一口大钟，每天晚上都会被敲响"。钟声响过三次，意味着宵禁开始了，任何人都不准在街上走动。假如遇到生病、分娩等紧急情况需要外出，必须提着灯火前行。在这里大钟和灯火都作为传播信息的工具。元朝的杭州，遇到火警时也是通过敲击木器发出声音的手段来报警。这种利用钟鼓、木器敲击发出声音和利用灯火传播信息的方式，就是元代的大众传播手段和应急动员工具。

金属是元代重要的信息传播介质。在马可·波罗的游记中，不论是他们获赐的可以得到官吏和驿站妥善护送和食宿接待的"御书金牌"，还是驿站信使携带的令牌，用于识别猎鹰归属系在鹰腿上刻有主人和看守人名字的小银牌等，均为金属传播介质。在造币厂如何造纸币的介绍中，马可·波罗还专门介绍了元朝人如何把树皮捣成糊状造纸的记录，以及马可·波罗一家带着教皇亲笔信觐见大汗的情节，这些都说明纸张也是元代重要的信息传播介质。

元代的传播体系总体仍然以维持军事行动和武力统治为主要目的，而对于报刊、书籍等以文化知识传播为主的传播体系重视不足，也许这正是元朝没能统治长久的重要原因。

新闻传播教育如何应对需求之变

在 2016 年举办的一个全省性新闻传播学教师培训班上，一家全国性大型门户网站的高管对于高校如何培养适应新媒体人才需求的"寄语"是"少上课"，潜台词是上课已经没用，就不要浪费时间了。

当前的新闻传播教育，虽然高校老师已经感受到媒体用人市场需求的变化，有了变革的意识，但是，由于长期以来教育、教学经历的惯性使然，他们改变的动力不足。对于媒体用人单位来说，新媒体发展的日新月异，市场行情的瞬息万变，发展机遇的稍纵即逝，已经等不及高校教学改革上的"从容"和"矜持"了。

新闻传播教育已经到了非变不可的关头，不能适应媒体用人市场的需求，结局只能是被市场抛弃，被媒体用人单位和学生抛弃。

首先是我们"教学产品"的用户——媒体已经彻底变了。一些传统的报业、广电、出版集团，都已经在媒介融合和市场化浪潮中变得"面目全非"了。从营业收入来看，一些市场化程度高的报业和出版集团，其主营业务收入只有总收入的30%左右。以浙报传媒 2015 年半年报数据为例，其营业收入 15.05 亿元，增长 16%，收入增长主要来源于在线游戏运营收入和商品销售收入，报刊发行收入只占到不足 12%。

从媒体布局来看，一些传媒集团，特别是受到新媒体冲击严重的报业集团，也早已经名不副实。虽然名为报业集团，但其发展的重心早已转移到新媒体或者其他相关业务。

以杭州日报报业集团的《都市快报》为例，该集团从 2006 年创办 19 楼网站以来，早已经实现"不只是一张报纸"的发展定位。除了 19 楼网站以外，还成立了快房网、快拍快拍网、好奇实验室、官方微博、微信公众号等新媒体机构，同时还运营了涵盖衣食住行、吃喝玩乐、健康运动在内，涉及各个垂直行业领域的由 88 个微信号组成的微信矩阵。其声称有 5800 万用户，其中 19 楼用户就占 5000 万，官方微博微信和微信矩阵用户就超过 600 万，而报纸用户不足 100 万。2015 年，其 19 楼和快房网等新媒体收入超过 2 亿元。

浙报集团声称拥有 6.6 亿的"全国省级党报集团最大互联网用户规模"，其中有 6 亿用户来自游戏娱乐，盈利重心也来自在线游戏运营和其他新媒体业务。从新旧媒体数量比较来看，其传统媒体数量，包括县市报在内，只有 33 家，而新媒体有 300 多家。

其次是媒体用人需求变了。由于传统媒体业务萎缩，一些媒体已经不再招聘只有传统采编业务技能的人员。据澎湃新闻一位高层介绍，在《东方早报》向澎湃新闻转型中，传统媒体只保留了 8 个编辑职位，其余采编人员全部转移到新媒体。按照澎湃新闻将要发展到三四百人的设想，传统采编人员所占比例仅占 3% 左右。浙报集团职工总数有 6424 人，其中采编人员 1315 人，新媒体人员 2044 人，技术人员 1156 人。不算技术人员和一些同时为新老媒体服务的采编人员，其新媒体人员占到集团总人数的 30%。

再次是媒体用户的阅读"口味"和习惯变了。辛苦一篇文，不敌一张图，傻傻采写编，不如会卖萌。这并不是说我们传统的采写编评教育都要向这些非专业做法投降。但是，新媒体的表达方式和用户阅读习惯，确实与传统媒体不同，传统的新闻传播业务教育如果还停留在以往报纸时代的经验层面，显然无法适应新媒体需求。

为了应对新媒体人才需求变化，教育部从 2012 年开始组织网络与新媒体专业申报，并在 2013 年首次批复 28 所高校招生，但是，网络与新媒体课程专业设置仍然是建立在网络、手机报这些当时所谓"新媒体"基础之上，与现有社交媒体发展需求仍然有很大差距。

截至 2016 年，全国有新闻传播学本科教学点 1244 个，其中，传统的新闻、广电、广告、传播学和编辑出版专业有 1091 个，占 88%。这些新闻传播专业的课程体系仍然是以传统媒体需求为主。虽然一些高校在教学课程中已经加入了一些数据新闻、新闻可视化与社交媒体之类的课程，但是与媒体市场用人需求变化相比仍然有很大差距。新闻传播教育适应新媒体发展变化，培养出适销对路的人才，任重道远。

选择新闻传播类专业的几点理由

    每年大学新生入学之际，一般来说，每个专业都要给这些新生上一堂专业介绍课。一来介绍一下本专业的基本情况，二来强调学好本专业的重要意义。新闻传播类专业有很多切实的理由值得学生选择。

    评价一个专业的好坏，不同的标准可以得出不同的结果。如果单从毕业生的薪酬水平和工作舒适度来看，新闻传播类专业肯定不是一个好专业。论收入它和软件类、金融类专业可能相差甚远；论工作舒适度，新闻记者甚至无法和财务会计相比。但是，如果从一个专业的学科发展、社会价值、个人成长和经济贡献等方面来评价，那么新闻传播类专业是人文社科领域最有前景的一个专业。这样说的原因有以下几点：

    新闻传播类专业是国内外名校的"标配"专业，也是具有学科发展前景的热点专业。新闻传播类专业虽然起步较晚，但是发展较快，一些国内外名校争相设置。统计资料显示，2016年，国内共有681所大学开设新闻传播专业，其中"985""211"高校中有55.9%的学校开设了新闻传播类专业。全国共设有1244个新闻传播类教学点，在校本科生约23万人，占高校在校本科生人数的1.4%。不仅一些传统以人文学科见长的高校纷纷设置新闻传播专业，甚至一些以理工学科见长的高校如清华大学、华中科技大学、上海交通大学、西安交通大学、同济大学等也争相开办新闻传播类专业。

    国外一些知名高校，同样将新闻传播学类专业作为自己学科布局的"标配"专业。以英国为例，据不完全统计，英国在进入QS世界大学排行榜排名前200强的29所高校中，至少有包括剑桥大学、曼彻斯特大学等在内的18所高校开设了传媒类专业。开设传媒类专业的名校，占该国世界200强大学数量的62%。

    从社会价值来看，新闻传播类专业是最有社会意义的专业。从新闻记者的职业地位来看，记者在西方历史上被认为是与贵族、教会和平民代表并列，具有国会旁听权的"第四等级"，是"无冕之王"。从新闻记者的职业价值来看，记者是具有参与社会、变革社会功能，能够通过"妙手著文章"来行使"铁肩担道义"职责的重要力量。在国内外历史上，通过新闻记者行使舆论引导和舆论监督等职能而干预社会问题，乃至国家大政方针制定与变革的事例比比皆是。西方一些思想家甚至把新闻媒体和新闻舆论看作行政、立法、司法三大权力之外的"第四权力"。

从传播的社会功能来看，拉斯韦尔认为传播具有监视环境、协调社会和传承遗产的重要功能。其中，环境监视涉及人类社会发展中如何适应社会环境变化，应对社会环境危机，从而更好生存发展的问题。协调社会功能则涉及人类社会如何协调行动，达成共识，实现社会和谐发展的问题。而传承遗产功能则涉及人类社会如何记录、传递、传承社会发展经验教训，实现可持续更好发展的问题。

对于个体发展来说，传播是人类基本生理需求之外的最重要的一个需求。按照马斯洛的需求层次理论，人的需求按照层次不同，包含生理需要、安全需要、社交需要、尊重需要和自我实现需要五个层次。除了生理需要，其他四个层次需要的实现都离不开人际交往，以及个人与社会之间的信息交换或者传播。

从新闻出版类专业的产业贡献来看，传媒类产业是文化创意产业的核心产业。2016 年，欧美发达国家的文化产业占 GDP 的比值已经达到 20% 左右，美国达到 31%。其中，传媒产业的贡献率占有较大比重。有关报告显示，我国传媒产业市场规模在 2015 年达到 12750.3 亿元，增长 12.3%。[①] 作为一个基本没有污染的环境友好型产业，传媒产业在促进就业和经济发展中的贡献不容小觑。

心中有爱，一切皆暖。如果你想做一个离社会最近、关爱社会、报效社会、热心为社会鼓与呼、"路见不平一声吼"、有点侠义心肠的人，学新闻传播专业是一个不错的选择。

---

① 洪杰.全球经济增长的驱动轮——文化产业.环球博览，2007（8）：60.

数字阅读产业需要加强原始创新

如果不看阅读质量，目前人们通过电脑、手机、电子阅读器等数字化方式的阅读数量和时间无疑已经遥遥领先于传统的纸质阅读。数字化已经成为未来社会不可阻挡的阅读方式。

数字阅读产品质量低下，有人沉溺有人逃离。虽然目前数字化阅读率已经达到 70%左右，但是数字阅读产品质量仍然存在较大问题。由于数字阅读产品缺少图书、期刊等纸质阅读产品严格的审核把关和生产加工制度，绝大多数内容产品在质量上存在天壤之别。不论是网络文学站点、手机资讯推送、阅读客户端、各种公众号、头条号等自媒体，人们接触到的数字阅读内容相当大的数量存在粗制滥造、琐碎无聊、质量低劣，甚至色情、低俗等问题。这样的数字阅读产品徒然浪费人们阅读时间，甚至毒害人们心灵，要么使得一些无法忍受的人设法逃离，重新回到纸质书阅读中去，要么使得一些自制力的薄弱的人沉溺其中，从而成为这些劣质数字阅读产品的受害者、牺牲品。如果数字阅读产品质量不能加以规范、提升，数字阅读产业就无法真正实现长远发展。这也是目前手机、网络的数字化阅读设备日益普及，但是广大读者，特别是那些追求高质量知识阅读的人仍然离不开纸质书的原因之一。

数字阅读体验仍有较大优化空间。数字阅读虽然有获取、存储、携带方便、成本低廉等优于纸质书阅读的优点，但是，数字阅读在阅读体验上与纸质书相比仍然有很多不便之处。不仅电脑、手机等数字阅读设备对于数字阅读产品无法实现像纸质书那样快速翻阅、划线、折叠、批注等查找、强调、收藏和评阅功能，就连一直致力于高质量数字阅读的电子书专用阅读器也存在阅读体验不佳等问题。虽然一台阅读器可以储存上千本电子书，实现随身携带一个小型图书馆的便利功能，但是在电子书的阅读上也无法像纸质书那样实现快速翻页、反复选择阅读和随意划线、批注等便捷功能。

从早期的甲骨、树叶、兽皮，到后来的竹片、木牍，再到纸张发明后的纸卷、经折，以至现代装订图书的出现，阅读产品的发展趋势一直沿着储存、运输和阅读便捷的路径发展。如今的电子阅读设备已经解决了储存和运输的便捷性问题，但是阅读的便捷性，特别是高质量阅读所需要的反复查阅重点、及时记录思考感悟等问题尚没有根本解决。这是除阅读质量以外，数字阅读无法取代纸质阅读的一个重要原因。

阅读产品和终端需要加强具有原创性的融合创新。目前国内和发达国家的数字阅读产品基本沿着两条不同的路径发展，阅读产品和阅读终端相互之间无法互通，从而产生人为隔离的孤岛效应。一种路径是以手机移动阅读为代表，以日常信息接受和娱乐为主的低质量、大众化数字阅读路径，另一种是专用电子书阅读器，以知识学习为主的电子图书阅读路径。

随着媒介融合的发展和数字产品版权保护的完善，数字阅读产品和终端将进一步相互打通和融合，这是一个必然趋势。这也是用户节省设备的重复投资、增加信息和知识获取便利、提高阅读便捷性和阅读效率的必然要求。

按照创新的原创性不同，有人把创新分为跟随创新、集成创新和原始创新，目前，国内的数字阅读内容和终端上的创新还更多停留在跟随模仿上，特别缺少那种有战略前瞻性，具有原创性、颠覆性的原始创新产品。只有加强原始性、原创性的创新，才能在数字阅读产业国际竞争和未来的产业发展中赢得自己的空间。

国家社科基金新闻传播类项目的引导示范作用

　　国家社会科学基金项目是国家为推动哲学社会科学繁荣发展，使用中央财政资金资助的社会科学科研项目。新闻学与传播学项目是国家社科基金项目设立的 23 个学科大类项目之一。项目自设立以来对于推动新闻传播学领域开展重大基础理论和国家与社会发展迫切需要的现实应用问题研究，促进新闻传播学发挥创新理论、咨政育人和服务社会等重要功能，起到了良好的导向和引领作用。

　　从 2014 年到 2018 年，国家社科基金新闻学与传播学项目共资助了 736 个重点、一般和青年项目，其中，重点项目 51 个，一般项目 491 个，青年项目 194 个。新闻传播类项目占立项总数的 3.6%。新闻传播类项目虽然占国家社科基金总项目数的比例并不算高，但是，资助的项目紧密联系了当前新媒体快速发展中急需解决的重要热点问题，服务国家和社会发展的重大战略决策问题，以及学科发展的重要历史和理论问题。具体可以包括以下几个方面。

　　事关新闻传播理论发展的党的新闻传播理论、实践研究。在 2014—2018 年资助的项目中，题目直接涉及党报、党媒、党管媒体、党的宣传和党的新闻政策等研究项目就达 23 个之多。直接涉及马克思新闻思想、新闻观等研究项目也有 7 个，且近半数为重点项目。此外还有一些发扬党的新闻传播优良传统和作风的典型人物研究等。

　　事关新闻传播理论发展的重要发展历史研究。2014—2018 年的项目中，直接涉及新闻传播史的研究有 35 个。除了一些直接涉及党报、党刊历史的研究项目，绝大多数新闻传播历史研究项目都是事关学科发展的重要基础性项目，涉及新闻、出版、电影、广告、播音和新媒体发展史等方方面面。

　　事关国家重大发展战略或倡议，如"一带一路""丝绸之路""命运共同体"等的热点问题研究。这五年的项目中，题目直接涉及"一带一路"的项目就多达 28 个，既涉及针对不同国家和地区的"一带一路"传播，也涵盖了不同媒体渠道的"一带一路"传播。涉及"丝绸之路"和"丝路"的研究也有 5 个。涉及"命运共同体"的研究共有 6 个。

事关新媒体新技术发展，如"大数据""媒介融合"等的热点问题研究。这五年的项目中，题目包含"大数据"的项目多达 46 个。项目中与媒体融合相关的，也多达 37 个。

事关国家和政党形象的对外传播问题研究。国家形象、"走出去""讲好中国故事"和国家软实力等对外传播研究，在国家社科基金新闻传播类项目中占有重要比重，相关项目总量在 90 个以上，约占总项目数的 13%。项目中涉及国家形象、政党形象和地方政府形象的有 34 个。涉及"走出去"和"讲好中国故事"的有 9 个。直接涉及"国际"传播的有 28 个。直接涉及"对外""跨国""跨文化"传播的有 27 个。

事关国家舆论安全的舆论引导、舆情监测与虚拟社会治理的重大问题研究。新闻传播类项目中标题直接涉及舆论、舆情的多达 82 个。直接涉及舆论研究的项目多达 54 个。直接涉及舆情研究的项目有 28 个。直接涉及新媒体、互联网与网络治理研究的项目也有 7 个。

事关国家乡村振兴战略和边疆民族地区协调发展的重大问题研究。标题中直接涉及"农村""农民"等"三农"问题研究的项目有 20 个。尽管国家社科基金专门设置了只能由西部地区科研人员申报的西部地区专项，但是在面向全国科研人员统一申报的重点、一般和青年项目中，仍然有相当数量的项目与西部和边疆民族地区有关。直接涉及"西部""边疆""新疆""西藏"的项目就有 22 个。

总体来看，国家社科基金新闻传播类项目，既关注了党的新闻传播理论、实践和新闻传播历史等重大基础理论问题，也密切联系了国家重要发展战略、舆论安全以及新媒体新技术发展等重大现实问题，起到了很好的引导示范作用。

后 记

生活在一个高度智能的时代，是一件幸事，也是一种悲哀。有幸之处在于你可以从各种体力、脑力的辛劳中被"解放""解脱"出来。与此同时，你又被各种算法所"算计"，被各种智能所"操纵"，这是悲哀之处所在。

"所有命运馈赠的礼物，早已在暗中标好了价码。"我想，人工智能之于我们，也同样不会例外。如何应对人工智能和智媒时代所带来的各种"副产品"，值得我们思考。这本书也是在这个人工智能逐渐深度介入我们生活的过程中，笔者所做的一点发散性的思考。

书中部分内容来自我在《青年记者》所开设的《高峰观察》专栏，这个专栏一共开设了十二年。其中 2015 年前写作的部分已经收录在《微传播时代的媒体生态》一书中，由知识产权出版社在 2015 年 12 月出版。专栏稿剩余的部分，加上近几年我对智媒时代下新媒体技术、内容、从业者、受众、媒介发展和媒介教育等所作的思考，构成了本书内容的主体部分。

书中收录的内容特点主要以观察、反思为主，文笔也尽量顾及易读性，力求采用通俗的笔法来解读、分析智媒时代的专业性问题，尝试用轻巧的文字来谋划、描绘智媒时代的社会治理宏图。

这本书算是我出版的第六本专著。尽管之前还有两本教材、两种评论文集早已签约，但是，或因为个人时间，或因为其他问题，均未能出版。希望这本书能早日顺利和读者见面。也希望，以后能有更多时间做一些自己喜欢的研究，写一些自己喜欢的文字，真正实现研究、写作上的"自由"。

三十年余前，我从学校毕业，最初的工作地点是在苏北运河边上的一个工厂，我住在厂里的宿舍里能够清晰听到河上过往船只的机器声、鸣笛声，甚至船上的说话声。如今三十余年后，工作单位又搬到了江南一段运河附近。虽然听不到船声，但是驾车或步行不远就能见到河上船只和沿河的古镇。三十年过去，不管"河东""河西"，再一次沿河而居。

三十余年，我和朋友们都已变老，河水仍然奔流、仍然年轻。

2025 年春于运河居